ほめない、
しからない、
勇気づける

3歳からのアドラー式子育て術「パセージ」

日本アドラー心理学会認定プログラム
Passage

日本アドラー心理学会カウンセラー
清野雅子　岡山恵実・著

SHOGAKUKAN

Parent Study System
on Adlerian Group
Experiences

はじめに

どんな親でも、子どもの幸せを願っていますし、よい親であることを望んでいるでしょう。

では、どのような育児をすればよいのか。世の中には、子育てに関する書籍が多くあります。なかには「これさえやれば」「こんな声かけが子どもを伸ばす」「魔法の子育て」などという謳い文句を掲げているものもあります。

本書は、これさえ読めばお子さんがみるみる変わるという、魔法のバトンの振り方をお教えするようなものではありません。

なぜなら、子育ては長期的で継続的なプロセスだからです。植物を育てるのと同じです。種を蒔いても、急に花は咲きませんし、実もなりません。病気に強いフカフカした養分のある土作りをし、水をやり、嵐のときは支柱を立てたり、と臨機応変に世話をして、はじめて元気な花が咲き、瑞々しい実がなるのです。

本書は、アドラー心理学の考え方に基づいた育児プログラム『パセージ』の手引き書です。テキストに忠実に、実践の助けになる内容に構成しました。

パセージは、日本にアドラー心理学を広めた野田俊作氏が開発し、すでに30年以上の実績を積んできました。親も子も共に成長したいと願う方々に支持されてパセージを学ぶ「学習自助グループ」の輪は全国に広がり、パセージで育った子どもたちは、今、多くの人が親世代となってパセージを実践した子育てをしています。

そして、パセージこそ、これからの時代に合った育児法であると、私たちは考えています。

インターネットが普及し、人工知能（ＡＩ）が加速度的に仕事や暮らしの中に入ってきている今、私たちの暮らしはどんどん変化しています。

子どもたちの65％は、将来、現在ない職業に就き、今後20年ほどで、半数近くの仕事が自動化される可能性が高いという説もあります。

変化が激しく、予測できない未来を生き抜く子どもたちを、私たちはどんなふうに育ていけばいいのでしょうか？

パセージ育児は、自立し、社会と調和して生きてゆく大人に育てることを目指していますが、それは、同時に、新しい未来を自分たちで担い、課題に立ち向かっていける力をもった大人を育てることでもあるのです。

子どもを支配する親ではなく、子どもにへつらう親でもない。子どもを対等の仲間として、親としての「態度」や「心構え」などの関わり方を学ぶ。

親と子が理解し合える、合理的で筋が通った育児法がパセージです。

パセージは言葉が出るようになってからの子どもを対象に設計されています。目安としては、二語文を使えるようになった3歳くらいからの実践をおすすめしています。

内容はとてもシンプルですが、毎日続けることが大切です。キーワードは〈勇気づけ〉。パセージを学ぶことは、〈勇気づけ〉の考え方や方法を学ぶことなのです。

子育ては楽しいものです。

この本を手にとられたみなさんが、シンプルで楽しい『パセージ』育児のエッセンスを感じ、実践するきっかけになっていただければ、こんなにうれしいことはありません。

パセージを学ぶ場である「学習自助グループ」のリストも用意してあります。

CONTENTS

アドラー心理学ってどんなもの？

本編に入るまえに、「パセージ」のベースになっている「アドラー心理学」がどのようなものなのかをご説明しましょう。

アドラー心理学とは、オーストリア生まれの精神科医・アルフレッド・アドラー（1870〜1937）の考えをもとに発展した心理学です。軍医として第一次世界大戦を経験し、戦争の悲惨さに大変ショックを受けたアドラーは、このままでは世界の未来は暗いと考えるようになりました。

アドラーは、「世界によい未来をもたらす子どもを育てること」を考え続け、育児と学校教育こそが、暴力を使わない問題解決方法や良好な人間関係、ひいては良好な社会環境を形成すると結論づけ、そのための理論や療法を始めたのです。

家庭や学校で、体罰や叱責や暴力を使ってしつけや教育をすれば、子どもたちも受け継いで同じことをするかもしれません。暴力を使わずに、問題解決をする方法を考えられる大人に育てることで、明るい未来が作れるとアドラーは考えました。

まず、人間はすべて平等で、人間としての価値に上下はないと考えることから始めましょう。大人も子どもも対等、つまり親子も対等なのですから、アドラー心理学では、子どもに「ほめる」という「評価」はしませんし、子どもが言うことを聞かないときも、感情的にしかったり、罰したりはしません。対等な人間関係を築き、課題を解決するために学ぶのは、〈勇気づけ〉の方法です。

アドラー心理学は、「勇気づけの心理学」とも言われているのです。

登場人物紹介

山野幹夫（父）

「パセージ」を学ぶかえでに協力、応援している

山野かえで（母）

ふたりの子どもの子育てに追われる専業主婦。ママ友のさくらさんにすすめられて「パセージ」を学んでいる

スミレ

幼稚園の年長さん

大樹

小学２年生

野田俊作

「パセージ」の開発者。山野家のエピソードから、パセージ実践のポイントをアドバイス

川口さくら

かえでのママ友。３年前から「パセージ」を学んでいる。中学２年生の女の子の母親

目標をもって子育てをしましょう

勇気づけできる親に

パセージは「積み上げ式」の学習法です。
１章から３章までは勇気づけの基礎について学びます。
１章では、パセージ全体をつらぬく、
〈子育ての行動面の目標〉と
〈子育ての心理面の目標〉を学びます。

第１章

「家族はみんな自分の仲間、自分の居場所はここにある」と子どもが思える工夫ができる親に

アドラー心理学の大きな特徴のひとつに〈目的論〉という理論があります。〈目的論〉とは、「人の行動には目的がある」という考え方のことです。多くの場合、行動には原因があるというふうに考えますが、目的論は、何か目的があって、その目的を達成するために行動を起こすと考えます。感情にも目的があって、その「目的を実現するため」に感情を作り出し、行動している、という理論です。原因で考えるよりも目的で考えるほうが、人を援助する手立てを引き出しやすいのです。ですから、アドラーは目的論を採用しました。それは子育てでも同じです。

たとえば、あなたが忙しくてイライラしているときに子どもが泣いたとします。「どうして泣いたの?」と〈原因〉を子どもに聞くと、「お母さんの顔が怖いから」「自分でできないから」などと言うかもしれません。一方、「どうしたいの?」と〈目的〉を尋ねると、「お母さんとお話ししたい」「お母さんと一緒にやりたい」という答えがでてくるかもしれません。すると、「じゃあ、どうしようか?」などと、この場面でのより適切な解決方法を一緒に考えることができます。

〈目的〉を尋ねると、多くの場合は、解決策につながります。また、「泣く」以外の、お母さんとつながる行動を学んでもらうこともできるのです。

さらに、人間の行動の一番の〈目的〉をアドラー心理学では〈所属〉と考えています。私たちは社会の一員として生きています。人間はひとりでは生きていくことはできませんね。「周りの人たちと、いつでも仲間でいる、大切に扱ってもらっている」という感じをもつこと、つまり所属しているという感じをもつことが、人間のあらゆる行動の一番の目的だと考えています。

子どもにとって第一の社会は「家族」です。

まず、子どもに「自分がもっている力を、自分や家族のために活かすことができるんだ」というふうに感じてもらうことが、自分の能力を信じ、社会に貢献できる大人に育っていくために必要です。ですから、子どもには、「自分はたくさんの生きる力をもっているんだ」「家族はみんな仲間なんだ」「ここには自分の居場所があるんだ」と思ってもらいたいのです。

たとえば、自分のしたことで親が感謝したり、喜んだら子どもは自分が役に立ててうれしいでしょうし、親は自分の仲間だと感じるでしょう。これは、パセージが掲げる育児の〈心理面の目標〉につながっていきます。

子育ての2種類の目標「心理面」「行動面」

パセージでは、〈心理面の目標〉として、

1　私は能力がある

2　人々は私の仲間だ

を掲げており、この2つを適切な信念であると考えて育てることを目標にしています。「こういう関わりをしていると、子どもは『私は能力がある』と感じるだろうか。『家族は私の仲間だ』と思うだろうか」と日々、自己点検をしていくことが必要です。それが積み重なっていくことで、子どもは自分は能力があると思うことができ、家族だけでなく、自分と関わる社会の人々についても仲間だという意識が根付いていくのです。

もうひとつは〈行動面の目標〉です。

1　自立する

2　社会と調和して暮らせる

パセージでは「自立」したうえで「社会と調和して生きる」行動ができる人を目指します。あたり前のことのように思われるかもしれませんが、意識していないと、日々の子育ての中ではすぐに忘れてしまいがちです。

この〈行動面の目標〉を支えるのが〈心理面の目標〉です。

アドラー心理学では、行動は信念から出てくると考えます。自立し、社会と調和して暮らせるという「適切な行動」をするためには、それを支える「適切な信念」が育っていなければならないのです。

たとえば、学校の教室のすみにゴミが落ちていたとします。子どもがゴミを拾いました。それは適切な行動ですよね。私たちはその行動を支える心を大事にしたいのです。

ある子どもは、「見て見ぬふりが見つかったら、怒られるかもしれない、だからゴミを拾っておこう」と思うかもしれません。

ある子どもは、「ゴミを拾ったらほめてもらえるかもしれない、だからゴミを拾おう」と思うかもしれません。

ある子どもは、「みんなで使う教室にゴミが落ちていたら拾うのがあたり前」と思うかもしれません。

子ども自身に「私は能力がある」「人々は私の仲間だ」という心が育っていれば、たとえ誰も見ていなくても、たとえ誰からもほめてもらえなくても、ゴミを拾う「適切な行動」ができるでしょう。そのような行動が「自立して」「社会と調和して生きる」ことにつながっていくのです。

子どもは母親をモデルとして世界を学びます

アドラーは、母親は子どもが世界とつながる最初の人物であり、子どもは母親を通して人々とのつながりを理解していくのだと言っています。子どもは母親をモデルとして世界を学んでいくのです。仲間と分かち合って暮らすってステキなことだ、自分もみんなと分かち合って暮らしていこうと決心してくれるように子どもを育てていくために、いつもこの「行動面」「心理面」の目標を頭の中にいれておきましょう。

心理面の2つの目標「私は能力がある」「人々は私の仲間だ」について、もう少し詳しくお話ししましょう。

パセージでは、「能力」には2種類あると考えています。

1つめは、自己管理の能力です。多くの親が願っている、子どもが、自分のことが自分でできるようになることは、言い換えれば自立するということです。これを身体的な能力といっておきましょう。また、筋の通った考え方ができるとか、冷静な話し合いをするというような、心理的な能力もあります。この身体的な能力と心理的な能力を合わせて、「自己管理の能力」と呼びます。

2つめは、貢献する能力のことです。学校で、成績優秀で、運動もできて、リレーの選手に選ばれて、クラスで人気者という子どもは、どうでしょう。親としては誇らしいことですね。でも、学校で成績がよいこと、リレーの選手に選ばれること、クラスで人気があることは、直接誰かのために役に立つことではありません。

勉強が好きなら勉強を活かして、運動が得意なら運動を活かして、どうやって人の役に立てるのかを考えることができる、そういう能力がある大人になってほしいのです。**子どもはみんな能力をもっています。親の間違った対応がそれを潰してしまうのです。お子さんが家族や周囲のために行動をしたら、感謝して、声をかけてあげてください。その積み重ねで「貢献する能力がある自分」が育っていきます。**

心理面の目標「私は能力がある」「人々は私の仲間だ」が達成できてはじめて、行動面の目標「自立する」「社会と調和して暮らせる」が達成できます。

子どもを支配したくなったとき、頭ごなしに怒鳴りたくなったとき、どうにも子育てに困ったときにこの目標を思い出してみてください。親の対応で、子どもがこの4つの目標に向かうだろうか、向かわないだろうか、といつも考えてみてください。子育てに目標があると、私たちは道に迷うことがなくなります。

勇気づけを始めましょう

パセージでは、「心理面」「行動面」の2種類の子育ての目標をもって子育てをすることをお伝えしました。

〈心理面の目標〉　1 私は能力がある　2 人々は私の仲間だ

〈行動面の目標〉　1 自立する　2 社会と調和して暮らせる

この2種類の目標に向かって援助することを、アドラー心理学では「勇気づけ」といいます。

まず、子どもが自立するのを援助することから考えてみましょう。自立するためには、子どもが「自分には能力がある」と感じていないといけません。もし親が、子どもの欠点ばかり指摘していたり、いつも子どもの失敗をとがめたりしていると、子どもは「自分は能力がない」と思い込むようになるかもしれません。ですから、子どもが「自分には能力がある」と信じられるように、親は工夫しなければいけませんね。

工夫とは、すなわち子どもへの関わり方です。また、子どもが自立するためには、自分で問題を解決した経験をたくさんもっているほうがいいでしょう。頭ではわかっているのに、実際にやってみるとうまくいかないことはたくさんありますね。子どもにそういう経験をどんどんさせたいのです。そのために、親は手出しをせず、子どもが自分でやるための援助をしなければなりません。親としては、ぐっとこらえて見守る覚悟が必要なこともあるでしょう。しかし、「自分でやって、自分でできた」という経験の積み重ねで、子どもは「自分には能力がある」と信じられるようになるのです。これも勇気づけです。

そして、社会と調和して生きられるようになるためには、人を信じられる心が育まれていなければなりません。子どもが人生で最初に出会う人＝親を信じられないと、他人を信じるのも難しくなります。

どうすれば親のことを信じてもらえるでしょうか。まず、親子関係がよくないといけないですね。親が子どもの欠点ばかり探して、しかったり罰したりしていると、親子関係が悪くなり、子どもが親のことを信じなくなります。ひいては、親だけではなく、他人を信じられなくなってしまうかもしれません。社会と調和して生きるためには、「みんなが仲間」と思える心が育っていてほしいのです。子どもが「家族はみんな仲間だ」と感じていることがそのための土台です。家族はみんな自分の仲間だと思える、くつろげる家庭を作る。それもまた、勇気づけなのです。パセージを通して、ずっと勇気づけを学んでいくのです。

たとえば、こんな場面で考えてみましょう。

学校から帰ってきた子どもが、消しゴムを忘れて友達に借りたことをお母さんに話したところ、お母さんの対応は、このようなものでした。

1　「なんで、ちゃんと前の晩に準備しておかないの。この前は教科書を忘れたわよね。忘れ物ばっかりしてるとみんなに嫌われるわよ」

2　「あら、そうだったんだ。優しいお友達ね。忘れ物がちょっと多くなっている？どうしたらいいかしらね」

1は、つい感情的になってしまったようですね。これでは子どもは「自分は能力がある」「人々は自分の仲間だ」と感じられないですね。

2の対応はどうでしょう？「学校へもっていくものをしっかり確認しよう」「今度友

達が困っているときはお返しがしたい」と考えるようになるかもしれません。いずれも、行動面の目標「自立する」「社会と調和して暮らせる」と心理面の目標「私は能力がある」「人々は私の仲間だ」に向けての関わりができているようです。

1のような、「勇気づけ」に反する関わりを「勇気くじき」と言います。

このように考えてみると、あなたは、今まで、お子さんの勇気をくじいたことはなかったと言えるでしょうか?

親が「子どものことを思って」「子どもを愛しているから」と、子どもたちのために、よかれと思って関わっても、親の対応によって勇気づけられたか、勇気をくじかれたかは、子どもの側が決めるのです。

こんな対応をしていませんか？

どうでしょうか？　大樹くんやスミレちゃんは、これらのかえでさんの対応で「私は能力がある」「お母さんは仲間だ」と感じられるでしょうか。

勇気をくじかれると、自分自身について「自分のことが嫌い・自分はダメな人間だ・ひとりぼっち」と感じるようになり、周囲の人々に対しても「信頼できない・自分を攻撃する敵だ・自分のことをわかってくれない」と考えるようになります。

ところが、勇気づけられると、「自分のことが好き・自分で問題を解決できる・人の役に立てる」と感じ、周囲の人々に対しては「自分のことをわかってくれている・信頼できる・協力し合う仲間」と感じられるようになるのです。

さあ、これから本当の〈勇気づけ〉についてじっくり学んでいきましょう。

覚えておきましょう

積極的に「勇気づけ」をする親になってください

旧来の育児は、封建時代の社会へ子どもを巣立たせるためのものでした。ですから、〈子育ての目標〉を意識せず、目先の対応だけで対処していても、子どもは自然に親と同じ暮らしに入ることができました。

しかし、現代ではそうはいきません。子どもが自立することと、社会に調和して生きることを、親が積極的に意識して援助しないといけない時代になったのです。

コラム

子どもの発達に応じた勇気づけを

アドラー心理学では、子どもも大人も対等だと考えますので、子どもが何歳であっても、考え方は同じです。〈子育ての目標〉を達成していきやすいように発達の段階を知っておきましょう。

二語文が話せるようになるまで【おおよそ3歳まで】

二語文とは意味のある単語が2つある文で、「おもちゃ貸して」「いちご食べる」といったものです。子どもによってかなり違うのですが、目安として二語文が話せるようになるのが3歳くらいです。

この時期の乳幼児は、大人がいろいろ話してあげるとちゃんとわかります。とても興味をもって聞いています。ただ、言葉に出して言えないだけです。そして、長い間覚えておくことができません。何度でも忘れます。覚えておいてほしいことを忘れても、怒らないで、何回でも教えてあげてください。たくさ

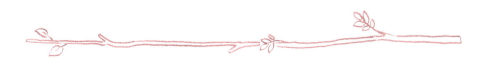

ん話しかけられて育った子どもは賢くなります。スキンシップも心がけて。

二語文が話せるようになったら【おおよそ3歳～】

言葉も通じるようになり、言葉で表現できるようになり、記憶する力ができてきます。しかし、予測する力がまだありません。これをやると、どうなるかな？という予測の力がないので、道路に飛び出していくなど危ないことをします。親は教えてあげなければいけません。このときも怒らないで教えてあげましょう。彼らはおとぎ話のような世界に住んでいて、大人とは違う論理で考えています。この時期も、たくさん話しかけ、遊んであげることを続けたほうがいいのですが、先回りして、子どもが頼んでいないことを何でもやってあげるのはやめましょう。お母さんが何もかもやってあげていると、子どもは何を学ぶでしょう？　周囲の人が推しはかってくれて、自分の代わりに解決してくれて当然と思うようになるでしょう。

友達ができたら【おおよそ5歳～】

大人が手を貸さないでも、まったく自分たちだけで遊べるようになるのが、

5歳くらい〜小学校1年生くらいです。友達ができて、自分の力で遊べるようになったら、宿題をするとか、お風呂に入るとか、何時に寝るなどは、どんどん子どもに任せていきましょう。ただ、この時期も、予測する力が十分ではありません。「宿題やっていないと、どんなことが起こる?」と聞くと、「学校でしかられる」とか「宿題がたまる」などと言って考え始めるでしょう。予測を手伝うだけで、子どもは十分学んでいきます。

親密な友人ができたら【おおよそ10歳〜】

だいたい10歳くらいになると、いつも一緒にいて、同じ遊びやテーマをもっている特定の友人ができてきます。多くの時間をともに過ごして、お互いの考えや気持ちを分かち合ったり、協力し合いながら、相手のことを自分のことのように大切に感じる親密性を体験します。この時期は、人間の発達の中でとても大事なので、友人との時間を尊重してあげましょう。この時期になると育児は終わりです。彼らに足りないのは経験と知識です。経験と知識は自分の力で獲得していく以外の方法がないのです。大人の役割は、子どもたちが自分で学ぶのを邪魔しないことだけです。

「困った行動」にはワケがあります

子どもを理解するために

子どもを勇気づけるために、
まず親子が仲間になりましょう。
そのために、親子のコミュニケーションを
ていねいに見直し、子どもを理解し、
親自身の心構えをととのえていきます。

第2章

子どもが困った行動を起こしたら冷静に行動を観察しましょう

子育て中は子どものさまざまな〈不適切な行動〉で悩むことでしょう。〈不適切な行動〉とは、あなたが「困ったなー」「イヤだなー」と感じる子どもの行動を指します。

子どもが不適切な行動をしたとき、私たちはどんなふうにしたらいいのでしょうか？

まず、ここでは「不適切な行動の文脈をよく観察する」という方法を紹介します。

「文脈」というとちょっと難しいイメージがあるかもしれませんね。「行動の文脈をよく観察する」とは、今起こっている目先の問題を解決することだけを考えず、少し距離を置いて、冷静に子どもの行動を観察してみることです。

具体的にいうと、子どもが不適切な行動をしたとき、

「どんな状況のときに子どもはその行動をするのかな？」

「その行動の前は何があったかな？」

「その行動の後はどうなったかな？」

「私はどんな対応をしていたのかな？」

「私の対応の効果はどうだったのかな？」

などのポイントについて、落ち着いて振り返り、記録していくことです。


記録を続けていくと、あなたの親子関係の悪循環のパターンが見えやすくなります。パセージでは記録のために「課題シート」を使います。あなたが書いた課題シートをもとにして、子どもに「私は能力がある」「人々は私の仲間だ」と感じてもらえるように、具体的な対策を考えていくのです。

では、山野家の事例を見てみましょう。

大樹ー
DVD返すの今日までだったよね。スイミングに行くついでに返しに行こうか
うん、わかった!
支度してくるわ
スミレ でかけるわよー
RRRRRRR
トイレー
大樹連れていってくれる?
えー
わかったよ。スミレ おいで
DVD レンタル
DVD・CD
P
どうしたの?
うん…おかしいな DVDがない
ゴソゴソ

忘れてきたんでしょ!
そんな探すフリしてなんなのよ。家を出るときにボーッとしてDVDを持ってるか確認しなかったんでしょ!
……
ただいまー
山野
ほら、あった!
もうっ ボーッとしているからよ!
DVD レンタル
こんなことなら大樹のDVDを借りるのやめちゃうよ!
それはいやだ!
もう忘れないから〜
はぁ
その夜
この前も同じようなことがあってしかったのよね
大樹に私の思いが伝わっていないのかなぁ

課題シート

名前	子どもの行動	私の対応	子どもの反応
大樹		大樹が借りたDVDを返しにいく出がけに電話がかかり、「大樹、スミレをトイレに連れていってくれる？」 -1	ちょっと面倒そうに、スミレをトイレに連れていってくれる。バタバタしている。
大樹	レンタルショップの駐車場で、車から降りてこない。	車から降り「どうしたの？」 -2	
	「うん…おかしいな。DVDがない」と言いながら、カバンの中を探している。	「大樹、忘れてきたんでしょっ！　そんな探すフリして、なんなのよっ。家を出るときにボーッとしてDVDを持っているか確認しなかったんでしょ！」 -3	暗い顔をして、じっと黙って下を向いている。
大樹	家へ帰ると、やっぱり、DVDを忘れていた。	「もうっボーッとしてるからよっ！　こんなことなら、大樹のDVDを借りるのやめちゃうよ」 -5	泣きながら、「それはイヤだ！　もう忘れないから～」

-5　-4　-3　-2　-1　0　1　2　3　4　5

マイナス感情　　プラス感情

かえでさんが学び始めたパセージでは、子どもの行動で困ったとき、そのやりとりを思い出して課題シートに書いてみることになっていました。

早速、今日の事例を課題シートに書き起こし（右ページ）、パセージの先輩のさくらさんに相談してみることにしました。

翌日、さくらさんと街のカフェで、課題シートを見ながら

この場面でのかえでさんの感情はどうだった？

感情？　そうね。わりと冷静だったと思うんだけど。

そう。じゃあ、身体の感じはどうだった？　身体のどこかに力が入っていなかったか思い出してみて。

そうね……そういえば、出がけからバタバタしていて肩が硬くなっていたわ。大樹が「おかしいな、ＤＶＤがない」と言ったときは肩から背中までガチガチに硬くなったわ。それからずっと、腹が立つやら情けないやらで全身ガチガチになっていたと思うわ。

感情にふたをしてしまって、自分の感情に気がつかないことってあるわよね。そんなときの感情は身体が教えてくれるのよ。マイナス感情の度合いはどうだった？　−5がマイナス感情の最大値として、−1から−5のどの辺りの感じだったかしら。

レンタルショップでは、−3くらい。うちに帰ってやっぱり忘れていたことがわかったときは、マックスの−5だったわ。そうか、私はずっと大樹に〈負の注目〉をしていたことになるのね。

正の注目と負の注目

正の注目

子どもの行動に対して親が、喜びや親しさや愛おしさのようなプラスの感情をもって関心を示すこと。このような感情をもって、「うまくできてよかったね」とか「あなたのおかげで助かった」というような言葉をかけると、子どもは「私は能力があるんだ」とか「親は私の仲間なんだ」と感じて、進んで適切な行動をするようになるでしょう。

負の注目

子どもの行動に対して親が、怒りや不安や後悔や焦りのようなマイナスの感情をもって関心を示すこと。そのような感情をもって、「何度言えばわかるの」とか「ちゃんとしなさい」というような処罰や命令や禁止の言葉をかけると、子どもは、「私は能力がない」とか「親は私の仲間じゃない」と感じるかもしれません。

しかし、それでも、「親は私に注目してくれているので、まったく見捨てたわけではないのだ」と感じるでしょう。なので、さらに、不適切な行動をして親の注目を引こうとするようになるかもしれません。

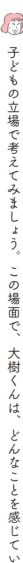

子どもの立場で考えてみると……

子どもの立場で考えてみましょう。この場面で、大樹くんは、どんなことを感じていたと思う？

大樹って私と全然違うタイプの子だから、大樹の気持ちになるのって、私には難しいのよね。さくらさんに一緒に考えてもらえるとうれしいわ。

わかったわ。そうね……かえでさんに否定された感じがして、悲しいし、ボクはダメな子なんだと思ってしまったかもしれない。

がーん。忘れ物をしないようになってほしいという私の思いは伝わっていないのかなあ？

そうねぇ。残念ながら伝わっていないかもしれないね。かえでさんの怖い顔がショックで、ボクはやっぱりダメだ、ということのほうが強まったかもしれないわね。

ムムムッ……

大樹くんは、妹の面倒をみるいい子じゃない？ ふだんもいい子でいようとしていると思うの。その適切な行動を、かえでさんからスルーされて認めてもらえない。それは、大樹くんにとって、つらいかもしれない。

確かにいいことをしているのにスルーされ続けると、大人でもつらくなるわね。私、大樹のできていないところばかり見て、毎日怒ってるなあ。

不適切な行動を繰り返す子どもは、『いくら適切な行動をしても、親は正の注目をしてくれない、いつも自分は仲間はずれだ。だから不適切な行動をして、せめて負の注目を得よう』と考えているのかもしれないわ。せめて負の注目を得て、存在感を確かめよう、忘れられないでおこうって。

なるほど。

私も、娘のユリのことで、パセージを学んでいる途中にそう気づいたことがあったの。ユリのいい子の部分は、できて当然。あたり前になっていて、ユリのできていないところばかり見ては怒っていたの。怒ってばかりいると、悪循環になって、ちっともユリの助けになれてなかった。

私から負の注目を浴び続けていると、大樹に『ボクは能力があるんだ』『お母さんはボクの仲間なんだ』という適切な信念は育たないのね。

子どもが『自分には能力がある』と感じられないとダメよね。親から否定されてばかりだと、自分のことがキライで、自信をなくして臆病になった結果、自立しようとしなくなってしまうかもしれないわ。

そうね。そして『親は仲間だ』『家族は仲間だ』と感じていることも大事ね。親子関係が悪くなって、子どもが親のことを信じられなくなると、それが広がって、親だけじゃなくて他人にも疑心暗鬼になって、思いやりのないことや攻撃的なことや卑怯なことをするようになるかもしれない。

そうね。だから、子どもが『自分は能力がある』『お母さんは仲間だ、家族は仲間だ』と感じてもらえる勇気づけの工夫を一緒に考えていきましょう！

自分なりのクールダウンの方法をもちましょう

親が感情的なままでは、子どもは「私は能力がない」「親は私の敵だ」と感じてしまいます。そこで自分のマイナスの感情に気づいたら、硬くなった身体をゆるめ、クールダウンして冷静さをとりもどす努力をしましょう。「え！　ムリ！」とか「この忙しいのに！」などとか思う方もいるかもしれませんが、子どもを勇気づけるためには、このひと手間が、どんなときでも必要なのです。

自分なりのマイ・クールダウンの方法をもっておくと便利です。深呼吸、好きなアロマなどの香りを楽しむ、身体のストレッチ、犬の散歩、音楽をかける、お茶を飲むなど、時間がたっぷりあるときと少ししかないときなど、状況に合わせて、自分が落ち着ける方法をもっておくといいですよ。

かえでさんは、どんな身体のゆるめ方ができるかしら？

大樹が困った行動をしたときに、彼にイライラをぶつけるのではなく、その場から離れて、深呼吸やストレッチをして一瞬落ち着くことができるかもしれない。でも、また大樹を見ると怒り出しそうだわ。

まあまあ、こういうときは、コーヒーでも飲んで落ち着きましょう。

そうね。つき合ってくれてありがとう。

意識的に〈よかったところ〉を探してみる

ところで、この場面でよかったところって、何があるかなあ？

そんなのあるの？？？

あるある。自分のことはわからないけれど、人のことはわかるの。大樹くんやかえでさんの、よかったところ、たくさんあるある。

ポジティブな面は、意識しないと見えないものなのです。ですから、「意識的に」がキーワードです。どんな困った場面にも〈よかったところ〉、つまり適切な側面がある

と思って、「意識的に」子どもの行動を観察してみると、きっと見つけることができます。

最初はひとりでは見つからないことが多いので、パセージ仲間の力を借りて見つけていくうちに、上手になっていきます。コツは、あなたにとって「あたり前」の場面で探すことです。子どもが手伝ってくれたとき、あなたにあいさつしてくれたとき、あなたが作った料理を食べてくれたとき……、あなたにとっては「あたり前」かもしれませんが、すべて〈適切な行動〉ですね。子どものその〈適切な行動〉に対して、あなたが親しさや愛おしさのようなプラスの感情をもって、「ありがとう」「あなたのおかげで助かったわ」「うまくできてよかったね」などというような言葉をかけると、子どもは、「私は能力がある」「人々は私の仲間だ」と感じるでしょう。それを続けることで、親子関係がととのっていくでしょうし、〈適切な行動〉をしてくれる場面も増えていくかもしれません。

さくらさんは、課題シート（36ページ）を見ながら、この場面での大樹くんの〈よかったところ〉を見つけてくれました。

妹のトイレに一緒に行ってくれるのは、とっても助かるわね。大樹くんは、借りたものを返さなければならないということは知っているよね。かえでさんに迷惑をかけてしまうということもわかっているよね。「でも」「だって」と、ごちゃごちゃ言い訳をしていないのもよかったところよね。

大樹くんは、かえでさんを待たせないように、あわてて出かけたんじゃないのかなあ。うちの子とは違うかもしれないけれど、うちの子は、ひとつ気にすることがあると、ひとつ忘れるから。ちょっと、そんなふうに思ったの。出がけに忘れ物をチェックする方法を、大樹くんと一緒に考えたり、もし彼がわからないと言えば、かえでさんがよくやるチェック方法を教えてあげるのもいいかもね。

さくらさんと一緒に課題シートをながめて話していると、身体がやわらかくなって、気持ちもやわらかくなって、大樹がそもそもいい子だということを思い出せたわ。大樹がスミレをトイレに連れていってくれたことにお礼を言うべきね。スミレの世話で私をいつも助けてくれていることにもお礼を言いたくなっちゃった。そして、大樹がDVDを忘れないような方法を、やさしい気持ちで、大樹と一緒に考えてみることができると思う。ありがとう。

どういたしまして。今度は私が子どものことで相談したときに、力を貸してね。

子どもは毎日成長しています。親が望むほどではなくても、確実に成長しつづけています。子どもはいつでも適切な行動をしているのだと思って、意識的に探してみましょう。親が不適切な行動だと思っているものでも、よく観察して考えると、必ず適切な側面があるものです。

- **長所や才能に焦点をあてましょう。**
- **結果だけではなくて、努力したという過程に焦点をあてましょう。**

子どもはひとりひとりユニークです。他の子どもと比較することには何も意味がありません。その子がその子独自のやり方で生きていくのを援助したいのです。

子どもが家事など手伝ってくれることを「あたり前」だと思っていませんか？　家族に協力しているのに、誰も感謝してくれなければ、そのうちイヤになるのではありませんか？　大人だってそうですよね。機会があるたびに、子どもに感謝を伝えてください。

覚えておきましょう

子どもの適切な行動を意識的に探しましょう

今回は解決策が見つかりましたが、親子関係によってはすぐに解決策が見つからない場合もあります。そのような場合は、さしあたって、これまでしていた子どもの〈不適切な行動〉に対する働きかけをすべてやめて、今までどんな対応をしているかを観察し、課題シートに書き留めて、現在の親子関係を把握しましょう。

そして、子どものふだんの生活での〈適切な行動〉を見つけることです。この場合のキーワードは、「意識的に」です。子どもは必ず適切な行動をしていると思って、意識的に探すと必ず見つかります。

コラム

子どもの困った行動＝「不適切な行動」の目的とは

パセージでは、「悪い行動をどうしたらやめさせられるのだろうか？」と考えるのではなく、「よい行動をどうしたら増やせるだろうか」と考え、適切な行動を増やすことを目標にして勇気づけていきます。

幼児の段階に多いことですが、子どもがその行動を不適切だと知らないでやっている場合があります。たとえば、公園で楽しく走り回っていて花壇に入ってしまうということです。この場合「花壇は遊ぶところではないのよ」、とそれは「不適切な行動である」ことを教えてあげると、子どもは理解してくれるでしょう。

ある程度分別がつく年齢になった子が、テストでカンニングをしたらどうでしょう？「コツコツ勉強するのは面倒だ」「どうせ無理、いい点はとれないんだ」と安易な行動に走っていると考えられます。これは、適切な行動は知っているけれど、失敗してしまうことを恐れて臆病になり、不適切な行動をしているのです。この場合、適切な行動を増やすためのたくさんの勇気づけが必要です。これから学んでいきましょう。

一方、対人関係上の目的を達成するために、子どもが不適切にふるまうことがあります。よくある、２つの目的について考えてみましょう。

1 注目関心

たとえば、楽しかった話をしようと思って話しかけても、大好きなお母さんは、何かに夢中でこっちを向いてくれなかった。がんばって自分のことを自分でやっても、お母さんは他のことに気を取られていてまったく関心をもってくれなかった…。

こんなふうに子どもから見て「無視されている」ことが続くとどういうことが起こるでしょうか？　無視されるということは、人間にとってもっともつらい体験です。子どもは「自分はいつも仲間はずれだ」と信じるようになるでしょう。

無視されて寂しい思いをしていたとき、約束を守らないなど不適切な行動をした途端に、お母さんから「ダメでしょっ！」としかられたら……。子どもは「そうか、悪いことをすればお母さんは自分に関心をもってくれる」と感じるでしょう。無視されるより、怒られてでも自分のほうを向いてもらえるほうがマシなのです。そこで、子どもは、自分が注目関心を集めているときは「仲間はずれじゃない」と信じてしまい、不適切な行動を続けます。

子どもの行動の目的が、このように〈注目関心を引く〉の場合、親はイライラしますよね。そして子どもを迷惑な存在、あるいは手間のかかる子だと思うでしょう。親子の問題の9割方がこの段階です。本書では、この段階の親子関係を主に扱っています。

2 権力争い

親が子どもに、不適切な行動をやめさせようと無理やり強圧的に出ると、親子のコミュニケーションは〈注目関心を引く〉よりもっと悪い段階に進み、相手に負けないための〈権力争い〉になることがあります。

権力争いになると、活発な子どもだと、「負けないぞ！」とケンカを売ってくるでしょう。親も挑発されているように感じて本気でケンカを買ってしまい、

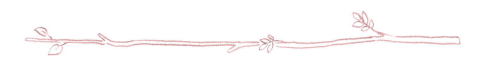

悪循環に陥ります。おとなしい子どもだと、静かに反抗を続けるでしょう。いずれにしても、親も子も腹を立てています。

権力争いがある限り、子どもを援助することはできません。まず親がしなければならないことは、子どもとの権力争いをやめることです。つまり、勝ち負けゲームのリングから降りることです。そのためのヒントも第5章でふれていますので参考にしてください。

この2つの目的は、心理的（無意識的）なことですから、子どもに聞いても、「わからない」とか、「わざとではない」と答えるでしょう。

人間の行動の一番の目的は、〈所属〉だとアドラー心理学では考えます。不適切な行動は、どれもこれも、所属のための努力——自分の居場所を見つけるための努力なのです。いつも子どもが「自分は家族の中で、なくてはならない存在だ」と感じてくれるよう、家族は一緒に生きていくかけがえのない仲間としてつき合っていけるよう、これから学んでいきましょう。

コラム

「勇気づけ」の構えを作る

たとえば、子どもが約束の時間に帰ってこず、お母さんはイライラして帰りを待っているとしましょう。そこに、1時間遅れで子どもが帰ってきました。いつもだったら「何してたの!」と怒っていたところですが、「勇気づけ」をしなくては、とイライラする気持ちを抑え込んで「遅れたから走って帰ってきたのね」「今度からどうしようか?」と子どもに話しかけたとします。

これは勇気づけにはなりません。

なぜなら、お母さんの感情がマイナスなので、これは負の注目です。子どもは「あ~怒ってるな。皮肉を言われているんだ」と思うでしょう。せっかく勇気づけようとしたのですが、言葉かけだけを変えても、マイナス感情があると子どもを勇気づけることができないのです。

勇気づけを始めるまえに、あなたの感情の点検が必要です。

プラスの感情とマイナスの感情

アドラー心理学では、感情は目的があって作り出され使われているのだと考えています。感情には、プラスの感情（喜ぶ・楽しむ・愛するなど）とマイナスの感情（怒る・不安になる・悲しむ・後悔するなど）がありますが、どちらもあなたが作り出し使っている点では同じです。プラスの感情は、人と人とを結びつける力があります。マイナスの感情は、人と人を切り離す力があります。たとえば、怒りの感情は相手を恐れさせて、こちらの言うことをきかせるためには有効ですが、相手との関係が悪くなります。

まず自分自身の感情に気づけるようになりましょう

感情は身体が教えてくれます。人によってさまざまですが、マイナス感情があると、身体のどこかに緊張感がありますし、プラスの感情があると、身体がゆるんだ感じがあるでしょう。身体に敏感になって暮らしてみるとわかります。

マイナス感情に気づいたら、クールダウンしましょう

マイナス感情がなくなる工夫をしましょう。さしあたっては、その場を離れ

て気分を落ち着かせてみてはどうでしょうか？

プラスの面を探しましょう

子どもの不適切な行動の中の〈よかったところ〉を探してみましょう。よく観察して考えると必ずあります。

またふだんの子どもの行動から「子どもはいつでも適切な行動をしている」と思って意識的に探しましょう。「あたり前」は、すべて適切な行動です。そう思って振り返ると、子どもが朝起きてくることも、ごはんを食べてくれることも、生まれてきてくれて、今日まで一緒に暮らしていることも、毎日が膨大な適切な行動であふれていることに気づくのではないでしょうか。

そして、あなた自身の〈よかったところ〉も探しましょう。

こういうプラスの面を絶えずていねいに探す新しい暮らし方を始めると、勇気づけの構えがととのってきて、子どもに学んでもらいたいことを、マイナスの感情を使わずに子どもと話し合えるようになっていきます。具体的にどうしていくかは、これから一つひとつ学んでいきましょう。

「ほめる」「しかる」は子どもをダメにします

賞罰のない
育児

賞（ほめる）や罰（しかる）を使う育児は、
子どもの勇気をくじきます。
勇気づけの第一歩は、「子どもの話を聴く」ことです。
そして、子どもが失敗したときも勇気づけましょう。
失敗は成長のチャンスです。

第3章

基本は、「子育ての心理面の目標」を忘れずに、子どもの話をよく聴くことです

パセージでは、子どもをほめる、しかるなどの「賞罰」を使わない育児をします。賞（ほめる）や罰（しかる）を使った育児では、子育ての目標である適切な信念、つまり「私は能力がある」「人々は私の仲間だ」という心が子どもに育たないと考えるからです。

たとえば、子どもが勉強しないときに、あなたは子どもを激しくしかる、あるいは勉強しないとおやつをあげない、テレビを見せないなど、子どもが嫌がる罰を与えることにします。そうすると、子どもはどんなことを学び、どんなことが起こるでしょうか？

また、子どもが勉強すれば、あなたは子どもを大いにほめる、あるいは、ごほうびとして子どもが喜ぶものを買ってあげると子どもに言うとします。そうすると、子どもはどんなことを学び、どんなことが起こるでしょうか？

賞や罰を使って、動物の調教のように外側から子どもに刺激を与える育児は、短期的にみると効果があるのかもしれませんが、長期的に見ると、どんなことが起こるのか、しっかり考えてみなければならないと思います。

子どもが社会の中ですべきことをし、すべきでないことはしないことを学ぶため、賞罰を使う育児の代わりに、パセージでは〈勇気づけ〉の育児を提案しています。

親が子どもを王様のように支配して暮らすのでもなく、親がまるで奴隷のように子どもにサービスして暮らすのでもない、〈勇気づけ〉の育児とはどういう育児でしょうか？

山野家の事例で見てみましょう。

ただいまー
もう～泥だらけじゃない。早く手と足を洗って宿題しなさい!!
はーい
ジャー
今日の晩ごはんなあに?
トントン
トン
トン
ふーん
今日は肉じゃがかぁ
ぐつぐつ
そんなことはどうでもいいから、さっさと宿題しなさいっ! ごはんの前に宿題しないと、今日のデザートはなしよっ!
ひゃ
はぁ～あ
わかったよ
はぁ

さて、この場面のかえでさんの対応によって、パセージの子育ての心理面の目標である「ボクは能力がある」「お母さんはボクの仲間だ」という適切な信念は、大樹くんに育ったでしょうか？

大樹くんの立場で考えてみると、

「友達と遊んで楽しかったことや、晩ごはんの話をお母さんとしたかったのに、拒否されちゃった。お母さんが言うように、どうぜボクはダラダラしているダメな人間なんだ。悲しいな…。お母さんすごく怖いし、ボクの楽しみな食後のデザートがないのはとってもつらいから、仕方ないから宿題やろう」と感じたり考えているかもしれません。

あるいは、「お母さんは、ボクの話も聞いてくれずに、そうやってボクをひどくしかって、しかもボクの弱みにつけこんで、お母さんのいいようにボクを動かすんだ！　ボクはお母さんの操り人形じゃない！　腹が立つな!!　宿題なんか適当にやればいいんだ!!」と感じたり考えたりしているかもしれません。

ひょっとすると、大樹くんは「そうか、お母さんみたい大きな声を出してひどく怒ったり、人の弱みにつけこむと、人に言うことをきかせられるんだな。悔しいから、今度お母さんにやり返してやろうかな」と感じたり考えているかもしれません。

いずれにしても、かえでさんのこの対応によって、大樹くんはあまりよいことを学んでいない可能性が大きいですね。

罰の副作用

罰を使って子どもを動かすと、好ましくない副作用が考えられます。

罰の好ましくない副作用

○罰する人がいないと、不適切な行動を続け、適切な行動をしない
○親子関係が悪くなる
○消極的で意欲を失った「やる気のない子」になってしまう危険性がある
○罰は負の注目になる

先程のエピソードでは、かえでさんは大樹くんに、今すぐ宿題をしないとデザートがもらえないという「罰」を、一方的に怖い顔で、最大限の怒りの感情をぶつけて予告しました。もちろん、これはその場しのぎの「脅し」ではありません。大樹くんが宿題を

しないとデザートは決して食べさせません。大樹くんはといえば、このときはすぐに宿題をしました。

ですが別の日……。

かえでさんが用事で夕方から夜にかけて外出し帰宅すると、大樹くんと幹夫さんはリビングでくつろいでテレビを見ていました。

大樹、宿題は？

あ、今からする。

今何時だと思っているの？　8時半だよ。宿題はごはんの前にするんでしょっ！　今からやるのでは、寝るのが遅くなってしまうじゃない！　いったい今まで何やってたの!?

……

もう、幹夫さんったら、甘いんだから！

……

ということがありました。

このエピソードの場合にも「罰の好ましくない副作用」はあてはまりそうです。

では、かえでさんがこのときにどうすれば、大樹くんを勇気づけられるのか、つまり、子育ての心理面の目標である、「ボクは能力がある」「お母さんはボクの仲間だ」という心が育つのか考えてみましょう。

まず、自分なりのクールダウンの方法で落ち着きましょう

かえでさんは、大樹くんが台所にやってきて「今日の晩ごはんなあに？」と聞いた時点で怒っていました。感情は身体が教えてくれます。かえでさんの身体は熱く、肩と奥歯に力が入り、両手はグーに握り締められていました。このように親が感情的になっているときは、子どもを「ダメな子」だと裁いているときです。実際、かえでさんは、「なんてダラダラしたダメな子なのっ！」と考えて腹を立てていました。このように親が感情的になっているときは、それが子どもにも伝わるので、じつは親には子どもを援助する力がないときでしたね。

このときの、かえでさんの「マイ・クールダウン」は、好きな音楽を流しながら料理

を作ることです。好きな音楽を聴いていると、楽しくなり気持ちが落ち着きました。

意識的に子どもの〈よかったところ〉を探してみる

今回は、さくらさんの助けを借りなくても、自分で探すことができました。

「大樹はなにしろ元気。友達もたくさんいる。外で泥んこになって遊ぶのが好きだし、食べることにとても興味関心がある。ふだんも、よく台所に来て、私が料理をしているのをキラキラした目で見ているし、キュウリを刻んだり、ハンバーグを丸めたり、進んで手伝いもしてくれる。こういうときの大樹はイキイキしているし、そんな彼を見るのはとってもうれしい」

はじめは「なんてダラダラとしたダメな子なのっ！」と批判的だったかえでさんですが、落ち着いて大樹くんの〈よかったところ〉を探してみると、「好きなことがある大樹ってステキだな、大樹のこの好きなことへの可能性の芽を育てていけるといいな」と思えるようになりました。

この場面で、子どもに何を学んでもらいたいのかを考えましょう

人は何のために勉強するのか？　かえでさんは、パセージを学び始めて、「人は社会の中で、周りの人々と関わりながら生きているので、自分のやりたいことをするというだけではなく、周りの人の役に立つこと、社会に貢献する人になることで居場所ができ、幸せになる。それが『自立する』『社会と調和して暮らせる』ことである」というアドラー心理学の考え方を知り、もっともだと思いました。大樹くんが自分のもっている力を使って、社会に貢献していく道を探すこと、それに向けて準備をすること、わからなかったことがわかるようになっていくのが勉強です。「勉強するってワクワクして楽しい」ということを一番学んでもらいたかったのです。

今回のかえでさんの対応で、大樹くんにこのことを学んでもらえたでしょうか？　学んでもらえそうにはありませんね。このまま罰を使って勉強をさせていると、勉強を嫌いになってしまうかもしれませんし、自分で宿題の時間を考えて決めて取り組む、ということをしようとしないかもしれませんね。

「自分のもっている力を使って、社会に貢献していく大人になる」ために、大樹くんに勉強をしてほしいのです。そのために、親はどんな工夫ができるでしょうか？

かえでさんはパセージで〈子どもの話を聴く〉ということを学びました。

子どもの話を聴くポイント

子どもの話を最後までせかさずゆっくり聴く

子どもの話を、「要領を得なくて長いし」と思って、きっとこうだろうと先読みしたり、だいたいのあらすじを先に作ってあてはめたりしないで、ゆっくり聴いてみましょう。子どもが話の途中で黙ってしまったときも、考えをまとめようとしているのかもしれませんから、しばらく待ってあげます。

目安としては20秒待ってあげるとよいでしょう。待つときに、「子どもは、必ずよい意図をもって、私にこの話をしてくれている」と思いながら待つことを心がけてください。

子どもの話を最後までせかさずゆっくり聴くことで、子どもはだんだん話をするのが上手になっていきますし、「ちゃんと最後まで聴いてくれる」と思うと安心し、「親は私の仲間だ」と感じ、この次も話してくれるでしょう。

子どものほうを向いて話を聴く

子どもが話をしたら、子どものほうを向いてよく話を聴きましょう。自分の意見や提案を言う前に、子どもの話をしっかりと聴きましょう。話を受け止めてもらえているという感じは、大きな勇気づけになります。なぜなら、話を聴いてもらえていると、「所属している――自分の居場所がある――」と感じるからです。人間はひとりでは臆病になりやすいのですが、仲間がいてそこに所属していると感じると、勇気が出るのです。

さて、先ほどの事例を、〈子どもの話を聴く〉ポイントを踏まえて聴くことができた場合のかえでさんの対応で、もう一度見てみましょう。

ただいまー
どろっ
あら～
ずいぶん泥遊び
が楽しかった
みたいね。手と足
を洗ってらっしゃい
はーい
ジャー
今日の
晩ごはん
なあに？
肉じゃがよ
ガシャ
トントン
なんでそんなに
泥だらけに
なったの？
泥だんごを
作ったんだよー
泥だんごと
ハンバーグを
こねるのって
同じだよね。
今日は50個も
つくっちゃった
みんな、
戦いごっこに
なったけど、
オレは泥だんごを
作っているほうが
おもしろいんだよね
オレ、
ハンバーグ屋さんに
なりたいなぁ

かえでさんは、大樹くんが料理に関心があって、遊びの中で試行錯誤してみることは、大樹くんにとって生きる力を身につける「勉強」のひとつだと思えました。

このように、かえでさんから話を聴いてもらうことで、大樹くんは「ボクは能力がある」「お母さんはボクの仲間だ」だと感じるでしょう。

かえでさんは、宿題については、しばらく彼にお任せして観察してみることにしました。自分のペースでやってみて間に合わないこともあるかもしれない。でもその体験を親が奪ってしまってはいけない。そのことでも、大樹くんは「ボクは能力がある」「お母さんはボクの仲間だ」と感じてくれるだろうと考えたのでした。

賞＝ごほうびで子どもを動かしてはいけません

次に、スミレちゃんの事例で「賞＝ごほうび」について考えてみましょう。

スミレちゃんの好き嫌いに困ったかえでさん。どう対応したのでしょう。

えー、ニンジンだー。やーだーなー。もう！ どうしてニンジン食べなきゃいけないの？ ニンジンなんかきらい！
ニンジンはカラダにいいのよ
そうだ！
いま、このニンジン食べたら、あとで、スミレの好きなキャラクターのカード、買ってあげる！ どう？
え！
え！ そうなの！ なら食べる！
パクッ
（ごほうびをあげると言うこときくのよね）
別の日
お母さん、ニンジン食べるから、キャラクターカード買って！
えー、もう買わないわよ
この前はカード買ってくれるって言ったから、ウゲッてなるのをこらえてがんばったんだよー
この前食べられたんだから、今日も食べられるでしょう
イヤだ、食べない！
ぷいっ
トホホ…

かえでさんはスミレちゃんに、ニンジンを食べるとキャラクターカードを買ってあげるという「賞」を使い、スミレちゃんはニンジンを食べましたが、このときスミレちゃんは何を学んだのでしょうか？

このときかえでさんがスミレちゃんに学んでもらいたかったことを、落ち着いてよく考えてみると、「好き嫌いせず、苦手なものでも感謝の心をもって、1個でも2個でもがんばって食べてほしい」ということでした。

かえでさんのこの思いは、スミレちゃんに届いているでしょうか？　どうやら届いていませんね。スミレちゃんの関心はキャラクターカードに向いてしまっているようですね。賞を使った対応から、スミレちゃんは「嫌いなニンジンを食べると好きなものを買ってもらえる」ということを学んでしまったようですね。

このように、賞を使って子どもを動かすと、賞の望ましくない効果が考えられます。

賞の望ましくない効果

○「賞」を目的に行動するようになる
○「賞」がもらえないとわかると、適切な行動をしない
○「賞」が次第にエスカレートする
○結果ばかり重視して安易な手段をとったり、結果が悪そうだと投げ出してしまう

アドラー心理学が目指しているのは、子どもが適切な信念、すなわち、

1　私は能力がある
2　人々は私の仲間だ

ということを感じていて、その結果、適切な行動をすることです。

これは罰を恐れている場合や賞を求めている場合と違って、子どもの内側に子どもを動かしている力があります。ですから、本当の意味で自立していると言えるのです。

賞と勇気づけの違い

ここで、賞と勇気づけの違いについて考えてみましょう。

まず目的が違います。勇気づけは子どもが適切な信念をもつように援助することです。賞は、子どもが適切な行動をするように援助しているかもしれませんが、信念のことまで考えていません。

そして、賞は条件つきです。勇気づけは、子どもがどういう行動をしているかと関係なくできますが、賞は、子どもが適切な行動をしたときだけしかあげません。スミレちゃんはニンジンを食べたときは賞がもらえますが、ニンジンを食べないともらえません。

「勇気」とは「みんなのことを考えて、したくても、してはいけないことはしないし、したくなくても、しなければならないことはする」という心につけた名前です。かえでさんは、スミレちゃんに「好き嫌いせず、苦手なものでも感謝の心をもって、1個でも2個でもがんばって食べてほしい」ということを勇気づけによって学んでほしかったのです。この心を育てるのに、賞ではこれができないことはもうおわかりですね。

大人同士の場合でも同じです。

あなたはある日家族のためにごちそうを用意しました。夫が「お、えらいね。やればできるじゃない。これからもがんばってくれよ」と言ったら、あなたはどう感じますか？「私は能力がある」「夫は私の仲間だ」と感じ、また作ろうと思いますか？なんだかバカにされたみたいで、次から作る気をなくしてしまうかもしれませんね。

一方「オッ、おいしそうだねえ。こんなの作るの大変だったでしょう？ありがとう」と言ったら、あなたはどう感じますか？「私は能力がある」「夫は私の仲間だ」と感じ、また作ろうと思うのではないでしょうか？

勇気づけられると、「私は能力がある」「人々は私の仲間だ」と感じることができます。そして、みんなのことを考えて自分にできることをしようと思うことができます。

「えらいね」とか「やればできるじゃない」というのは、上から下へ向けられた評価の言葉なのです。

失敗は勇気づけのチャンス

――失敗した子どもの勇気くじきをしない

よい意図をもって、あるいは少なくとも、「親を困らせてやろう」というような悪い意図をもたないで行動したのに、たまたま結果がうまくいかなかったことは、〈不適切な行動〉ではなく〈失敗〉といいます。

子どもが〈失敗〉すると、ときには親は迷惑をかけられることもあるかもしれませんが、そのために感情的になってしまっては、子どもを勇気づける力を失ってしまいます。

子どもは失敗から学びます。失敗は成長するためのチャンスなのです。

〈失敗〉をエピソードで見てみましょう

ある日の夕食後、大樹くんは食後の片づけを自分でしようと思いました。が、重ねたお皿を流し台に運んでいったとき、急ぎすぎて、お皿を落として割ってしまいました。

もうっ！
今日、台所の掃除したばかりなのに！
なんてことしてくれるのよ！
スタスタ
バスッ
ぐす…。
ごめんなさい…
よしよし
I'm Sorry

「なんてことしてくれるのよ！」とかえでさんに言われた大樹くんの気持ちはどうでしょう？　すでに失敗によってくじかれている勇気が、さらにくじかれてしまいました。

失敗した子どもの勇気くじきはしないことです。

この場面での大樹くんのよい意図や努力やチャレンジに焦点をあてれば、勇気づけはそう難しくはありません。

大樹くんは自分でお片づけをしようとしていますよね。お母さんを手伝おうとしていますよね。失敗してしまった子どもを勇気づけるために、まず、何をしたらいいでしょうか？

失敗してしまった子どもを勇気づけるために

失敗の後始末

失敗から何を学んでもらいましょうか。まずは後始末ですね。「あら、失敗しちゃったわね。どうしようか？」と聴いてみましょう。子どもがひとりで片づけられれば、お任せしましょう。もしうまく片づけられないようなら、片づけ方をゆっくり教えながら一緒に片づけましょう。

今後の工夫

後始末が終わったら、「失敗しないために、次からどうしたらいいと思いますか？」と聴いてみるのもいいですね。大樹くんが「次からは慌てないで気をつけて運ぶ」と答えてくれたらとてもうれしいですね。「もう自分で片づけたりしない」と答えるほど、勇気をくじかれていれば、「この次はきっとうまくいくわ」と勇気づけてあげてもいいと思います。

子どもが失敗したときこそ、十分に勇気づけてあげましょう。まずは、子どもの話をじっくりと聴いてみることです。そうして、失敗したために、子どもががっかりしていたり、動揺していたり、自分に腹を立てていたりすることを理解してあげましょう。親は子どもの味方、子どもの仲間なのですから。

かえでさんが、カッとしたけれど、ちょっとクールダウンして感情的にならずに対応できたとしたら、こんな展開になっていたのではないでしょうか。

もう一度同じエピソードで見てみましょう。

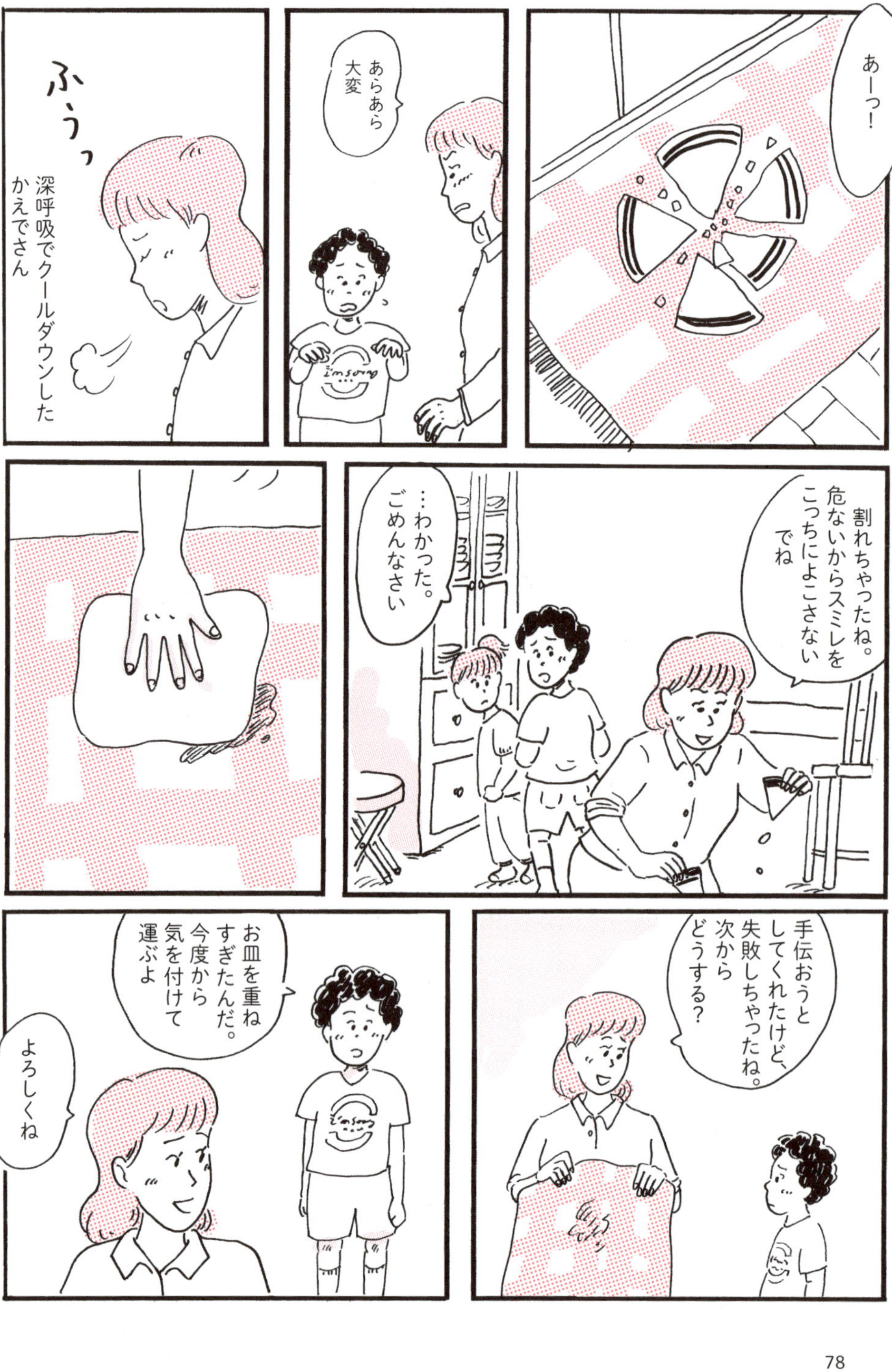
あーっ!
あらあら大変
ふうっ
深呼吸でクールダウンしたかえでさん
割れちゃったね。危ないからスミレをこっちによこさないでね
…わかった。ごめんなさい
手伝おうとしてくれたけど、失敗しちゃったね。次からどうする?
お皿を重ねすぎたんだ。今度から気を付けて運ぶよ
よろしくね

覚えておきましょう

賞罰ではなく、まず、子どもの話を聴く姿勢と心をもちましょう

勇気づけの第一歩は子どもの話に耳を傾け、子どもの考えや感情や意思を理解しようとすることです。あなたの意見は言わずに、心と身体を子どもに向けて、しっかり子どもの話を聴きましょう。

親が子どもの話を十分聴くことで、子どもも親の意見を聴く準備ができます。

子どもの人生については、できるだけ子ども自身に考えて決めていってもらいたいですね。それが「自立する」ということですから。そのためには、親が指示するのではなく、子どもに問いかけることにより、子ども自身にどうするかを考えてもらうことが必要です。

「問いかける育児」は、練習すると上手になっていきます。

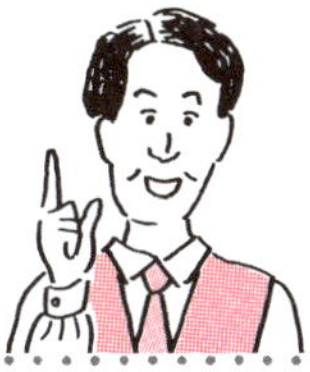

コラム

「問いかける育児」のすすめ

パセージでは、子どもの人生について、できるだけ子ども自身で考えて決めていってほしいと願っています。それが「自立する」という子育ての目標につながっていくからです。そのためには、子どもが失敗したときや間違いを犯したとき、親が指示するのではなく、子ども自身にどうするかを考えてもらうことが必要です。

教示的方法と教育的方法

親はついつい「これをしなさい。こうすればうまくいく」などと子どもに対処法を教えたくなります。やり方を教えることを「教示的方法」といいます。英語でいう"instruction"です。ものを知らない相手にやり方を教えてあげることです。パセージでは、子どもは多くの場合、答えを知っていると考えています。答えを知らなくても、話しているうちに、子どもが自分で答えを見つけ出すこともよくあります。一方、子どもの内側にあるものを引き出すやり方を「教育的方法」といいます。英語でいう〝education〟です。子どもが自分で考えることが難しいと思われる場合でも、子どもの話をよく聴いてあげることで、さまざまなことに気がつき、自分で決められるようになることもあります。

閉じた質問と開いた質問

問いかけるには、「はい」「いいえ」で答えられる〈閉じた質問〉と、「はい」「いいえ」だけでは答えられない〈開いた質問〉があります。開いた質問は、人の話を聴くときに、とても便利です。

開いた質問とは、5W1H（「いつ？」「どこで？」「誰が？」「何を？」「なぜ？」「どんなふうに？」）を使った質問です。ただし、この中で「なぜ？」はあまり使わないほうがいいでしょう。「なぜ」と聞くとその原因を追及することになるからです。原因がわかっても問題を解決することはできません。

他に、「それで？」「それから？」「もう少し話してくれる？」というような言い方も開いた質問の一種です。また、「どういうことがあった？」「どう考えた？」「どう感じた？」「どうしようと思う？」というような開いた質問を続けて使うと、子どもを援助する効果が大きくなることがあります。

〈開いた質問〉は自由に話してもらえるため、親が知らない情報を集めたり、ユニークな考えを聞けたり、子どもを理解するうえでとても有益です。

〈閉じた質問〉は、親の考えを子どもに伝えるために使います。たとえば、「あなたは～と考えているのかな？」とか「あなたは～と感じているのかな？」というように。もしこのような推量が当たっていると、子どもは「親は私の仲間なんだ」と感じて勇気づけられるでしょう。あるいは、言われてはじめて自分がそんなふうに考えていることに気がつくかもしれません。そうすると、自分の考えをまとめることができます。

もし推量がはずれていても、子どもの本当の考えを聴くきっかけになりますし、親子間の理解が深まるきっかけにもなります。

開いた質問を使った「問いかける育児」は、続けていくと上手になります。あなたの考えを言う前に、子どもの内側にあるものを引き出すことを心がけて、子どもの話をじっくりと聴いてみましょう。

教示的方法で育児を続けていくと、親を頼るようになるかもしれません。子ども自身がしっかりと考えていけるよう、子どもを援助していきたいですね。

それ、本当に「子どものため」ですか？

課題の分離と共同の課題

３章までの基礎が身につきましたか？
４章と５章では、子どもを支配するのでもなく、
子どもに服従するのでもなく、対等の仲間として、
親子で協力し合って暮らしていくことを学びます。

第４章

「課題の分離」は、子どもを支配する親でなく、援助して勇気づける親になるための第一歩です

この章では、まず〈課題の分離〉という考え方についてお話しします。

課題の分離とは、あるできごとの問題（課題）に、どう取り組み、どう解決するか、そしてその結末が誰の身にふりかかるのかを考えて、課題分けをする（分離する）作業のことです。

たとえば、どんな友達とどんなふうにつき合うかは、子どもの課題です。勉強にどう取り組み、どう解決するかも、どんな服を着て、どんな遊びをするのかも、すべて子どもの課題です。

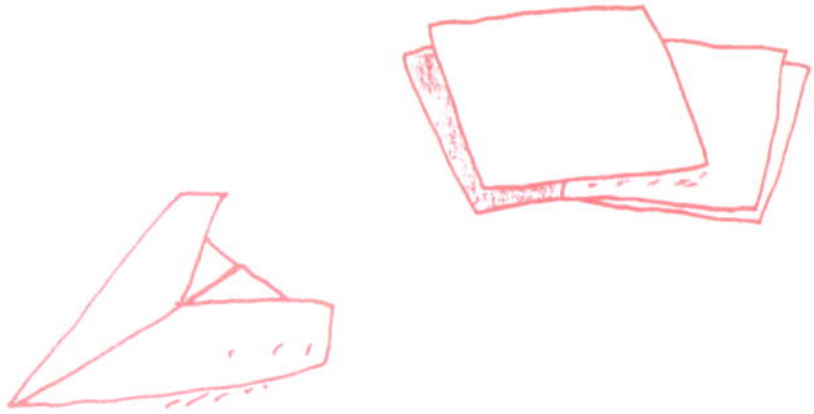

親があまり好ましく思っていない友達と子どもが仲良くしていたら「あの子とつき合うのはやめて」などと口出しをする、いつまでも宿題をやらない子どもにイライラして「早くやりなさい」「やることやってから遊びなさい」などと言って、子どもが見ているテレビを消したりする。これは親が、「子どもの課題」に口出しをしていることになります。

パセージでは、親が子どもの課題に口を出すと、子どもに次のような弊害があると考えています。

- **自信を失う**
- **依存的になる**
- **反抗的になる**
- **失敗を人のせいにするようになる**
- **親が忙しくなる**

エピソードで事例を見てみましょう。

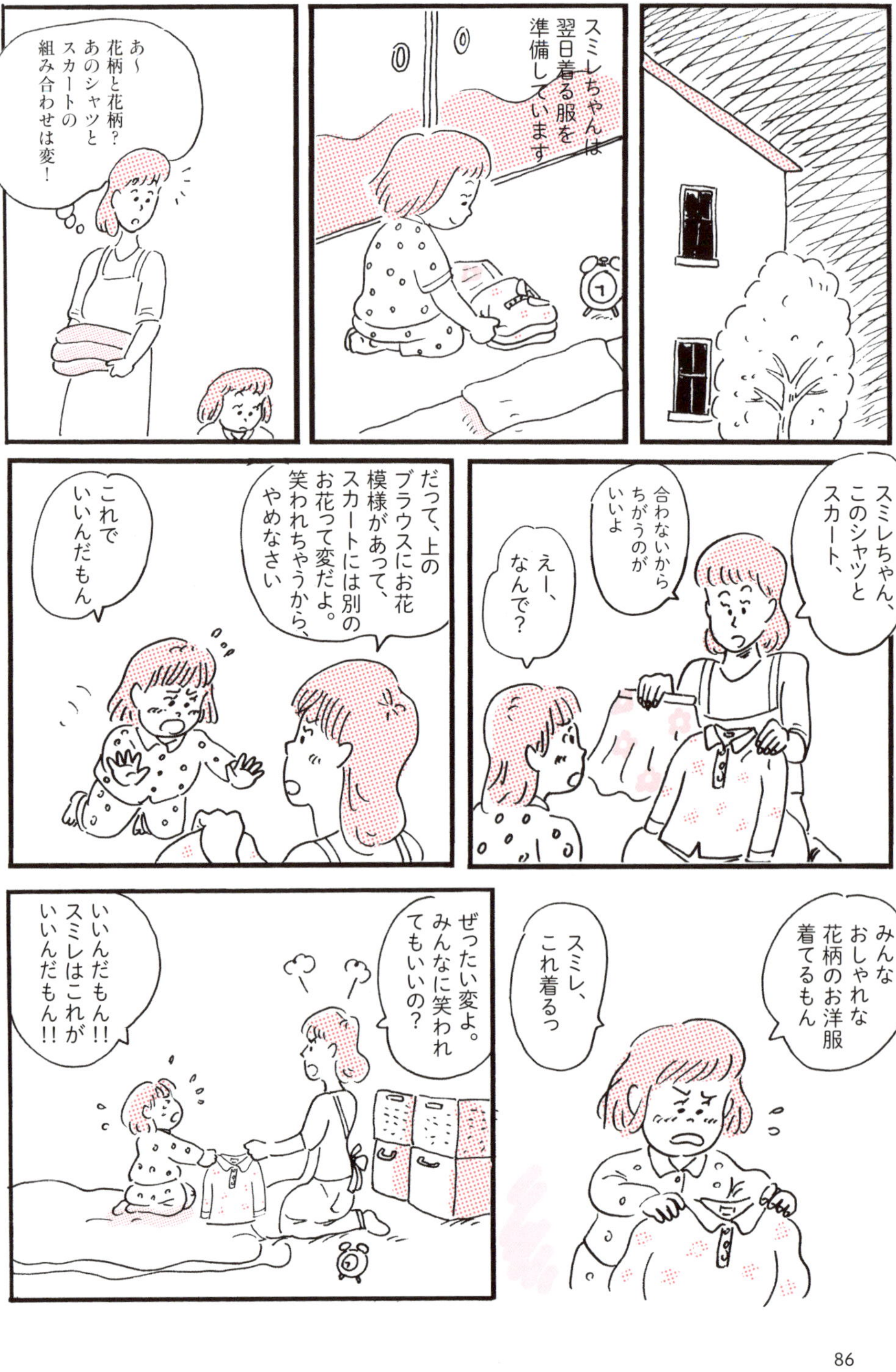
スミレちゃんは翌日着る服を準備しています
あ～花柄と花柄？あのシャツとスカートの組み合わせは変！
スミレちゃん、このシャツとスカート、
合わないからちがうのがいいよ
えー、なんで？
だって、上のブラウスにお花模様があって、スカートには別のお花って変だよ。笑われちゃうから、やめなさい
これでいいんだもん
みんなおしゃれな花柄のお洋服着てるもん
スミレ、これ着るっ
ぜったい変よ。みんなに笑われてもいいの？
いいんだもん!! スミレはこれがいいんだもん!!

あらあら、かえでさんは、スミレちゃんの勇気をくじいてしまったようです。私たちはいつも、親の対応で、子どもが「私は能力がある」「人々は私の仲間だ」ということを感じてもらえるかな？　と考えることが大事でしたね。

スミレちゃんは、せっかく自分の課題に自分で取り組んでいたのに、お母さんに口を出されて、どうやら反抗的になったようですね。また、次の日の洋服を確認することで、お母さん自身も少々忙しくなっているようです。

ここで課題を分けてみましょう。

スミレちゃんが、翌日、どんな服を着ていくのかはスミレちゃんの課題ですね。かえでさんの課題は、「世間体が気になる」「センスが悪いなと思われる」「放任育児と思われる」などです。どんな服を着ていくのかは、「これはスミレちゃんの課題だ！」ということをお母さんが頭に入れたら、どんな対応ができるでしょうか？

もう一度先ほどの場面にもどってみましょう。

明日のお洋服の準備してるのね！今やっておくと、朝あわてなくてすむからいいよね
うん！そうなの。明日のお洋服、これにしたの！
ほら！
上も下もお花なのねえ
そうなの。スミレはお花が大好きなの
そうなんだ
ピチチ…
おはよー！
スミレ、おはよう。今朝は早いね
おはよー！
うん、ちゃんと着替えを用意しておいたから。お花の洋服ステキでしょ
うん、よく似合うよ
この子は自分のことが自分でできている。自分の好みがわかっているのね。まあ、ここは任せてみましょう
ぐつぐつ

「子どものため」は「親＝自分が安心するため」

子どもが成長していく過程で、たくさんのことを自分で体験し、学んでいくことで、「私は能力がある」「人々は私の仲間だ」という信念が育っていきます。着ていく洋服に関しては、子どもの課題です。

親はついつい先回りして、子どもの課題に口を出したくなるものですが、それでは、子どもが自分の問題を自分で解決できるようになりません。何か問題が起きたら「これは誰の課題かな？」と立ち止まって考えてみることが大切です。

そして、いったん課題を分けてみると、親の課題の中で子どもの課題と関係したものが出てきます。親には親の期待があるからです。たとえば、子どもの勉強や友人関係については、親はとても気になりますが、これらはすべて子どもの課題です。たとえば、もっと進んで勉強してほしいという期待や、あの子と遊んでほしくないという不安は、親の課題ですから、原則的には親が自分でその課題を引き受けなければいけないのです。

親も子も自立しなければなりませんからね。

たとえば、子どもに無理やり勉強させれば、「勉強する」という課題は解決しますが、親が自分で解決したのではなくて、子どもに代わりに解決させたことになります。これを〈課題の肩代わり〉といいます。親は、自分の課題を、自分では解決しないで、子どもに肩代わりさせておいて、「子どものためよ」と言うのです。でも、ほんとうは、「子どものため」ではなくて「自分のため」なのです。つまり、自分が安心するためなのです。そういうことをアドラーは〈自己欺瞞〉と呼びました。

親は「子どものためだ」という言い訳に一番だまされているのは、自分だということに気づく必要があります。ですから、すぐに自分に都合のよい言い訳でもって自分をだましていないかどうか、いつも自己点検していないといけないのです。

パセージでは、本当に「子どものため」になる子育てをしていきたいと願っています。それが新しい子育てへの通り道（Ｐａｓｓａｇｅ）なのです。

子どもの課題を〈共同の課題〉として親が援助しましょう

子どもの課題は、本来は子どもが自分の力で解決しなければならないものですし、親が口を出したり手伝ったりしてはいけないものです。しかし、次の3つの場合に関しては、子どもの課題を親子の〈共同の課題〉にして、親が手伝うことができます。

1　子どもから親に頼んできたとき

2　子どもの行為の結果、親（または親以外の人）が迷惑をこうむったとき

3　子どもの人生に重大な悪影響がありそうなとき（例　未成年の喫煙や、飲酒、犯罪につながりそうな行為などが考えられます）

本書では、1と2について取り上げます。

それでは、「1　子どもから親に頼んできたとき」を大樹くんの事例で見てみましょう。

プリントたまっているのよねえ…
ガ〜ッ
そうだ、プリントやろうかな
♪
ガーッ
難しいなー
…
ああ、くり上がりや、くり下がりが難しいのね♪どれどれ…
えーっと12+19ねえ、えーっと2+9は11になるよね。1の位は1ね! 10の位は1くり上がって、1を上に書くのよ。そして10の位の1を3つたしたら3よ
ふんふん
12
+19
31
答え=31
はいっ次やるわよ!
えなさい
(2)
7枚もできたじゃない〜♪
あら…
はぁ〜

課題シート

大樹くんの浮かない表情に「勇気くじき」をしたかも…と、考えたかえでさんは、状況を振り返って課題シートに書き出してみました。

名前	子どもの行動	私の対応	子どもの反応
大樹	学校から帰って漫画の本を読んでいる。	掃除機をかけている。 -3	漫画を読み続ける。
大樹	「そうだ、プリントやろうかな」	掃除機をかけている。 +1	
大樹	のろのろとプリントに向かう。2、3問進んだところで、「難しいなー」。	掃除をやめて、大樹に近づく。「くり上がりや、くり下がりが難しいのね♪どれどれ…。えーっと12＋19はねぇ、えーっと2＋9は11になるよね。1の位は1ね！ 10の位は1くり上がって、1を上に書くのよ。そして10の位の1を3つたしたら3よ。 +2	「ふんふん」と言い31と書く。
		「はいっ、次やるわよ！」	こうやって、プリント7枚分、答えを埋めることができた。
		「7枚もできたじゃない〜♪」 +4	あまりうれしそうではない。

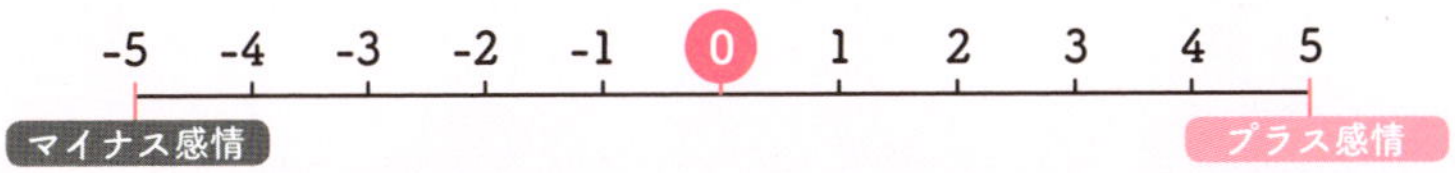

これでよかったのかなあ？　大樹が「ボクは能力がある」「お母さんはボクの仲間だ」と感じていないように思えるのよねー。

そうねー。まず、課題の整理をしてみましょうか。パセージでは、「算数のプリントをためる」という行為の結末は主に子ども自身にふりかかるので、「子どもの課題」と考えるわね。

そういえば大樹は、「難しいなー」と言っているだけで、私に教えてほしいなどとは、ひと言も言っていないわ。なのに、私から1問ずつ教えられ、プリント7枚やっつけても、彼は『自分の力で問題を解く能力』がある、『お母さんはボクを信頼してくれる仲間だ』、とは感じないわね。彼がせっかく取り組んでいたのに、私は彼が自分のペースでプリントをやる、というチャンスを奪っていたわ。

ああそうね。大樹くんは「難しいなー」しか言ってないわね。私も、こういうときあるある。ユリが「教科書ない」と言ってるだけなのに、私は探してと言われたものだと思い込んで、必死に探し始めて、私が「ほら、ユリもかばんの中を探しなさいよ!!」って言ったら、ユリが怒り出したということがあったわ。

子どもから頼まれもしないのに、親が子どもの課題に介入して口を出すと、①自信を失う、②依存的になる、③反抗的になる、④失敗を人のせいにするようになる、⑤親が忙しくなる、という弊害が起こる可能性があります。

ユリの場合は、③の反抗的になる、だったわ。「自分でできるんだから、よけいなおせっかいしないでよっ！」と感じたのね。そして、⑤親が忙しくなる、もあてはまると思うわ。そして、もしこのまま、私がおせっかいを続けていたとしたら、何かがうまくいかなかったときに、「親が手を出すから、うまくいかなかったんだ」と、④の失敗を人のせいにして、自分で責任をとろうとしなくなったかもしれない……。

大樹の場合は、①の自信を失う、かな。「親がいないと、自分ひとりではできないんだ」と感じるかも。そして、私が手を出しつづけていると、②の依存的になる、にもあてはまっていくかもしれない。「なんだ、自分で考えなくても、親が代わりに解決してくれるじゃないか」と感じて、いつでも「ボクできない。代わりにやって」ということになるかもしれない。⑤の親である私が忙しくなる、もあてはまるわね。

あらあら、私たち、子どもたちを勇気づけなくてはね。

そうね。大樹と話をする前に、「大樹は私の仲間だ」と自分に言い聞かせておかなきゃ。大樹の〈よかったところ〉は……。

大樹くんは、自分から算数教室に行きたいと言ったし、今も毎回行っている。

そうね。私から見るとつらそうだけど、彼はやめたいとは言っていないし……。先生からも、「毎回元気に来て、勉強に取り組んでいますよ！」と言われているわ。

算数教室の宿題プリントをやらなければならないと思っている。

そうねー。「大樹はダメな子」と思って批判的だったけれど、落ち着いて、大樹の〈よかったところ〉を探してみると、大樹はダメな子ではなくて、いつもいい子。今回はたまたま困っているのね。大樹の成長を応援したい！　と思えるようになってきたわ。さくらさん、一緒に考えてくれて、ありがとう！

いえいえ、お互いさまですよー。では、これから、かえでさんはどうすればいいか、もう少し話しましょうか。

ありがとう。話し合うとしたら、私の考えを提案するよりも前に、まずは子どもの話をじっくりと聴いてみること、よね。

〈子どもの話を聴く〉は必要ね。宿題プリントについて、大樹くんがどう感じ、どう考え、どうしていこうとしているか聴いてみることね。

そして、大樹と一緒にどうすればいいか考えるのかな。

えっと、「話し合いたい」というのは誰の課題だっけ？

あ、私の課題ね。

子どもの課題に入るときは、「今、〇〇のお話ししてもいい？」と子どもの心をコンコンとノックするという姿勢が大事よ。ノックして、入らないでくださいと言われたら、引き下がる勇気をもつ。

ああ、そうなのね。やってみるね。さくらさんと話して、私も「私は能力がある」「さくらさんは、私の大切な仲間だ」って感じたわ。いつもありがとう!!

翌日、かえでさんは、自分が大樹くんにマイナス感情がなく、親しみのプラスの感情があることも確認して、大樹くんと話すことにしました。

1　子どもから親に頼んできたとき

ねえねえ、大樹、今、算数教室の宿題のお話ししてもいい？

うん、いいよ。

あのさ、大樹は、宿題プリントについてどんなふうに思ってるのか、お母さん聞いてみたいの。

算数教室は楽しいよ。

そうなの。算数教室は楽しいのね。それはステキね。宿題プリントのほうはどう？

宿題ねー。難しくなってきて、すごく時間かかるから、プリントたまってるんだよね。

そうなんだ。くり上がりとかくり下がりとか、お母さんも最初はすご～く時間がかかってた覚えがあるわ。

そうなの？　お母さんも？

うん。

へー。お母さんも時間かかったんだー。

あのさ、お母さん、何かお手伝いできることあるかな？

あのね、教えてくれなくていいから、そばにいてくれない？　手伝ってほしいときにすぐに聞けるから。

わかった！　じゃあ、大樹が宿題やっているときは、お母さんもそばで本を読んだりしてるね。

うん、ありがとう。

わかったわ。そのやり方、いつまでやってみようか？

うーんとぉ、（カレンダーを見て）25日まで。

ということは、今日から1週間ね。わかったわ。時間なんだけど、お母さんが時間がとれるのが夕食後の7時30分から8時の間しかないんだけど、それは大丈夫？

うん、わかった。7時30分から8時だね。

もし、その時間に大樹ができなかったらどうする？

そのときは、ひとりでやる。

確認ね。時間は夜の7時30分から8時の間で、お母さんは応援隊でそばにいるだけ。その時間に大樹ができない場合は、ひとりでやる。25日まで1週間やる。そのあとのことは、やってみて考えようか？　これでいい？

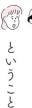

うん、いいよ。

かえでさんは、大樹くんと〈共同の課題〉を作ることができました。共同の課題は、子どもとの大切な約束事です。約束はかえでさんも守らなければなりません。どんなに忙しくても、これから1週間は、「夜7時30分から8時の間は必ず時間をあけよう」という決心が、かえでさんにも必要です。

子どもの課題は、子ども自身に解決してもらうことが望ましいのです。もし自力でうまく解決できれば、子どもは「私は能力がある」と感じるでしょう。代わりに親が解決してしまえば、子どもは「私は能力がない」と感じてしまうかもしれません。しかし、子どもは自分の力だけで課題を解決できない場合もあります。そのような場合、もし子どもがはっきりと言葉で「手伝って」と頼んでくれれば、親は手伝ってあげることができます。

大樹、宿題プリント
がんばっているわね。
大樹も宿題ができるし、
私も本が読めるし、
こういう時間もいいものだわ

2 子どもの行為の結果、親（または親以外の人）が迷惑をこうむったとき

子どもの行為の結果、親が迷惑をこうむることがあります。親が迷惑に感じるのは、厳密にいえば親の課題です。しかし、親ひとりだけでこの課題を解決することはできません。このような場合には、親から子どもに提案や相談をもちかけて、共同の課題にしてもらうことができます。

たとえば、きょうだいゲンカは「子どもの課題」ですが、やかましい、物を壊すかもしれない、など親の側に迷惑がかかるかもしれません。こういう場合は、「静かにしてくれる？」「外でやってくれる？」というように、親から子どもに頼むことができます。

親から子どもに相談をして〈共同の課題〉にする事例をエピソードで見てみましょう。

ブロロロロ
もう少しあっちにいってよ
スミレがでしょ。手を伸ばすなよ
うるさいよ。静かにしてよ
もう触らないでよ！
触ってないよ。スミレが寄ってくるんだろう！
……イラ
イラ
………
……
……
もーうるさいんだからっ！　スミレはまだ小さくてよくわかんないんだから、お兄ちゃんがガマンしてあげてよ!!
ひぇ
だって、スミレが先に寄ってきたんだよっ!!
いいから、ガマンしてよ!!
ブロロロロ…
はあっ

迷惑がかかった理由を子どもにわかりやすく伝えて協力を頼む

何が迷惑なのかについて、子どもたちも納得するような「筋の通った」話をすること。つまり、客観的に誰が見ても「そうだな、なるほど迷惑だろうな」と思われる迷惑について、子どもにわかりやすい言葉を使って相談すると、子どもが理解でき、共感してくれて、協力してくれる可能性が大きくなります。そして、きょうだい関係については、誰かが有利になったり誰かが不利になったりするような介入はしないこと。

パセージの学びで気をつけることはわかったけれど、では具体的にどう対応すると、「私は能力がある」「人々（家族）は私の仲間だ」と感じてもらえるのか、かえでさんは考えました。

「ケンカしないで！」「うるさい！」と親から否定や禁止をされると、子どもたちは自分の行動が親に迷惑なのはわかるんだけど、じゃあどうすればいいか、代わりの行動がわからないかもしれない。

そうだ！　まず、迷惑になる理由をわかりやすく伝えて、協力をお願いしたあとに、ふたりに問いかけてみよう。たとえば、「みんなが気持ち良く過ごすためにどうやって過ごそうか？」「どう過ごすとみんなのためになるか？」と、問いかけるとそこから子どもたちができることを言ってくれるかもしれない。そして冷静に話し合うことね。何かを伝えたり教えるときにイライラすることはなくて、お互い楽しく教え合ったり考えたりしたらいいんだ。この場面を家族の成長のチャンスにしちゃえばいいんだ！

おにいちゃん、やめてよ！

なんだよ。スミレが先にやっただろう！

やってないもん！

……

……

……

……

ふ〜

ねえ、ふたりとも、ちょっといいかな？

なに？

あのね、狭い車の中で大きい声で言い合いがあると、お母さんは頭が痛くなってくるんだよね
だから、もう少し小さい声でお話ししてくれないかな？

お母さん、頭が痛いの？

だいじょうぶ？

うん。車の中で頭が痛くなりすぎると、吐きそうになることもあるの
そうだなぁ。お父さんもうるさいと運転に集中できないなぁ

でもね、お兄ちゃんが寄ってくるんだもん
なんだよ
みんなが気持ちよく車で過ごすために
どんな工夫ができるかなー？
うーーん
そうね
どんなアイデアが出てくるかしら
おっ、ふたりとも考えてるねー
じゃあさ、何かして遊ぼうよ！
！
スミレもやる！
そうねえ、みんなでできることを考えましょう
じゃあさ、お母さんなにか面白い遊びある？
秋と冬の歌を順番に歌っていくのはどうかな？
いいね！
ブロロロ
ね、お母さん、歌の次は、しりとりをやろうよ！
いいわね！
かえでさんの対応で子どもたちに「私たちは能力がある」「家族は私たちの仲間だ」の心がまたひとつ育ちました

覚えておきましょう

課題の分離をするのは勇気づけのため。親がラクをするためでありません

〈課題の分離〉をして、子どもを信頼して尊敬して、子どもに任せてみる。これは場合によっては親としても勇気がいることですね。

〈共同の課題〉を作るときは、子どもが何について協力を求め、何については協力を求めていないかを明らかにしていきます。そうして、子どもと協力することで合意したことだけ、すなわち、共同の課題になったことだけを力を合わせて解決します。

人に迷惑をかけないなど、子どもがものを学ぶために、親も子どももイヤな気持ちになる必要はないのです。むしろ、イヤな気持ちになると、子どもは自分のしたことを思い出して反省する代わりに、親の言い方を思い出して反発することが多いのです。

コラム

感情に振り回されない親でいる

子どもに勇気づけの援助をするためには、子どもとの関係がよくなければいけません。そのためには、まず、あなた自身が、子どもに対してマイナスの感情をもっていない状態でなければなりません。

そのうえで、毎日の暮らしの中で、子どもの適切な行動に〈正の注目〉を与え、喜びや感謝の言葉を伝えてほしいのです。第2章で学びましたが、正の注目とは「プラスの言葉がけ」ではなく、「プラスの感情で子どもと接する」ことでした。

まだ親子関係の畑が耕されてないと感じていたら、「第1章　目標をもって子育てをしましょう」に戻って、まずは親子関係作りから始めてください。よい親子関係ができていないうちに〈課題の分離〉をしたり、無理やり〈共同の課題〉を作ろうとすると、放任や過保護・過干渉が強まった強圧的な育児になる危険性があります。

では、どうしたら、子育てのさまざまな場面で、プラスの感情で子どもと接することができるようになるでしょうか。

感情にフタをしたり、感情を抑えたりせず、「心構え」と「技術」の二段構えをトレーニングすることで、「感情的にならない」自分でいることができるようになります。

〈プラスの感情でいるための心構え〉

親が子どもの能力を信じないで、「どうせこの子にはできない」とか、「私が守ってあげないと、この子は生きられない」などと思って接していると、いつまでたっても感情的な自分から抜け出せません。

まずは、子どもを信頼して、子どもが自力でできそうなことは、親が手を貸さないで子どもに任せてみましょう。そして、尊敬です。あなたは子どもを尊敬していますか？　親が子どもを尊敬するなんてと驚かれるかもしれませんが、お互いに尊敬し合える関係でいたいのです。子どもも大人も、ただ一回きりの人生を懸命に生きるひとりの人間としては同じだと考えられれば、自分にない長所をもっていることや、自分にはない発想をすることなどに気づくはずです。

「子どもを信頼して、尊敬すること」が「心構え」です。

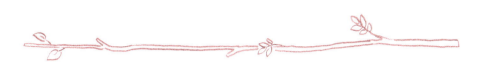

〈プラスの感情でいるための技術〉

「技術」は3つです。

まず最初に、親子で〈目標の一致〉が取れているかを考えてみましょう（第5章で深く学びます）。目標が一致しないまま、親の要求を子どもに強いていると感情的になりがちです。たとえば、子どもが「学校へ行きたくない」と言っているのに、親のほうは行かせたいと思っている。これでは、目標が一致していないので、親はつい子どもに腹を立てがちです。そんな場合は、お互いに歩み寄って目標の一致するところを探せばよいのです。「何時間目からだったら行ける？」などと提案して、妥協点を探しましょう。

2番めは、「誰の課題か」を考えてみることです。子どもの不適切な行動だと思っているものの多くが、実は子どもの課題で、親が干渉しなくてもいいものだということに、だいぶ気がつくようになっていませんか？　前は、「なんとかやめさせなくては」とカッカしていたものが、実は子どもの課題で、親が介入しなくていいとわかると、感情的になることが少なくなるはずです。

3番めは、「どうやって問題を取り除こうか」と考えるのをやめて、「どうやって解決をしようか」と考えることです。適切な行動を増やすことを目標にして、「適切な行動にていねいに注目しよう」と決めて暮らしていると、プラスの感情を使うことが多くなって、マイナスの感情はあまり使わなくなります。

〈適切な行動に注目〉（第2章）、〈課題の分離〉（第4章）、〈目標の一致〉（第5章）。それぞれに、感情に振り回されない親でいるためのヒントがあります。

折に触れて、復習することがトレーニングになります。

子どもの「困った」に親はどう協力するか

目標の一致

共同の課題をより深く学びます。
子どもと一緒に考え、一緒に作戦を立て、
同じゴールを目指しながら、親子で問題を
解決していきます。課題を分けてから、目標の一致までの
プロセスをていねいに積み上げましょう。

第5章

親子で、実現可能な同じ目標を決めましょう。目標が〈共同の課題〉になり、実現に向けて協力できるようになります

親子の目標が一致していないのに、親が勝手に〈共同の課題〉だと思い込んで、子どもの人生に介入したり、あるいは親の人生に子どもを巻き込んだりすると、どういうことが起こると思いますか？

学業は子どもの課題です。たとえば、進学について考えてみましょう。子どもは、「今の自分の実力に合った、部活が充実しているA学校へ行きたい」と望んでいるとします。一方、親は、「しっかり勉強して進学校のB学校に入ってほしい」という期待をもっているとします。このように、親子の目標が一致していないのに、親が子どもを親の期待

する方向へ強引に動かそうとすると、子どもは反発するでしょう。子どもの課題に介入すればするほど、〈権力争い〉（50ページ）というコミュニケーションの構造となり、親子の関係は悪くなるばかりで、子どもの勇気をくじき続けることになります。

「自立する」「社会と調和して暮らせる」という子育ての目標から遠ざからないために、〈目標の一致〉は、「勇気づけ」をするうえでとても大事なポイントです。

親子の目標が一致しているかどうかを確かめるには、まず子どもの話を聴ける親になり、子どもが何を目標としているかを理解できる親になっておくことが必要です。そして、子どもの話を十分に聴き、子どもの目標を的確に知り、それから、それを現実的に援助するために、あなたには具体的に何ができるかを考えます。

子どもの目標を的確に知る努力をすると同時に、あなたが望んでいる目標を、冷静に確かめることも必要です。親は無自覚に、子どもに「もっと、もっと」と高い目標や、「あれもこれも」とたくさんの、実現不可能な目標をもつことが多いものです。あるいは、「こうあるべき」「こうすべき」という親独自の人生や子育てについての価値観を子どもに押し付けていることもあります。

たとえば、「子どもは毎日勉強するべき」という価値観をもっている親は、子どもが毎日勉強しないと「不安」になります。その「不安」は親の課題ですね。その親の「不安」を解決するために、子どもに毎日勉強させ親が安心するのは、第4章でもふれている〈課題の肩代わり〉でしたね（89〜90ページ）。

あなたが子どもにさせたいことをさせるのではなく、子どもがしたいことを、あなたが援助するのです。このことを忘れないでくだ

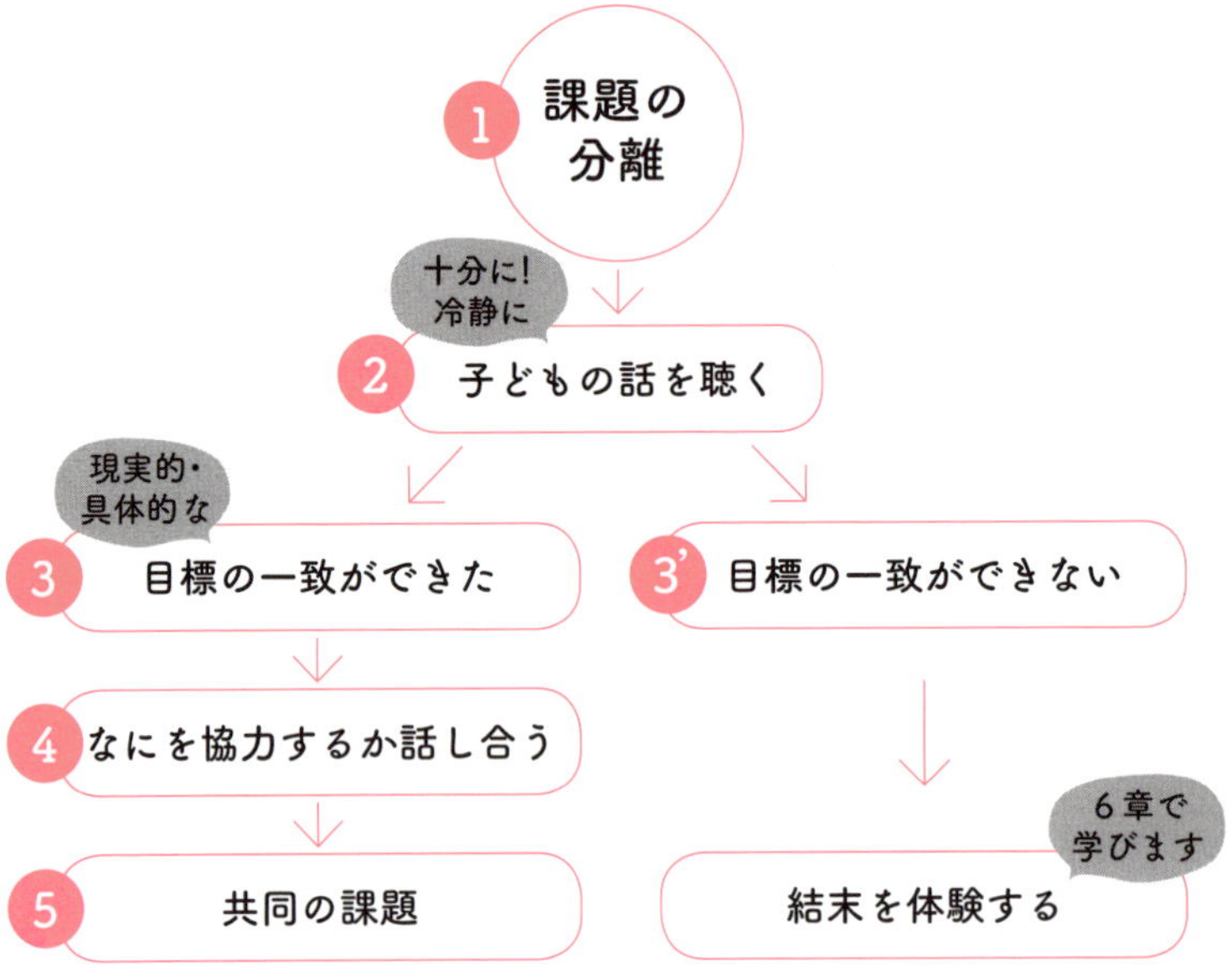

さい。

もちろん、子どもが好き放題にしてもいいということではありません。たとえば欲しいものを不正な方法で手に入れるなど「したいけれど、すべきでないこと」は子どもに学んでもらいたくはありません。また、面倒だけれども失敗の後始末をするなど「したくないけれど、すべきことをすること」は学んでもらいたいですね。

あることを「する／しない」と、自分や周りの人々にどんなことが起こるのかな？と、いつも冷静に子どもと一緒に考えていきたいと思います。

〈目標の一致〉ができた場合、できなかった場合の流れを図にすると右ページのような形になります。

では、目標の一致について、〈共同の課題〉ができるまでを山野家のエピソードで見ていきましょう。

来月、大樹くんの学校で縄跳び大会があります
どうしよう、縄跳び大会でクラス対抗があるんだ。オレ、駆け足跳び苦手なんだよなー。練習してもできないんだよなー
練習やろう！前跳びと後ろ跳びは上手にできるから、駆け足跳びもすぐにできるようになるわよ！
大樹、ほら、こんなふうに跳ぶのよ
タン
タン
タン
・・・・
はい、やってみて。簡単だよ。すぐできるよ
1！
2！
ピシッ
あ
足が上がってないよ！
力が入りすぎだよ！
下ばっかりみないで前見て！
ほら、足あげて！
力ぬいて
ピシッ
やっぱり、いいや
え？
えー、もう？ちゃんと練習しないと跳べるようにならないよー
もういいよ

かえでさんは大樹くんから相談されたので、一緒に考えて、〈共同の課題〉を作って、お手伝いしたいと思っていました。ところが、大樹くんの課題に協力したのに、うまくいきませんでした。かえでさんは深呼吸しながら落ち着いて考えてみました。そして大樹くんの話を聴いて目標を知ることをしておらず（116ページの図）、かえでさんがさせたいことを大樹くんにさせようとしていたことに気づいたのです。

116ページの図の流れに沿って、おさらいをしてみましょう。

1 課題の分離

目標の一致に向けて、まずは、誰の課題かを考えてみます。

駆け足跳びの練習については、その問題にどう取り組み、どう解決するかの結末が大樹くんにふりかかるので、大樹くんの課題です。

かえでさんは、大樹くんが縄跳び大会で「人並みに」跳べるようになってほしい、大会でみじめな体験をしてほしくない、苦しい練習の先にある達成感を味わって成長してほしい、そのために協力したい、などと考えていました。

そして、練習をやめた大樹くんに対して、「ガッカリ」という感情をもっていました。

これらの感情や考えは、子どもの課題に関する親の考えや感情で、すべて、かえでさんの課題ですね。

大樹くんは、自分の課題についてどう感じ、どう考えているのでしょうね？　子どもがどうなりたいと思っているか、どうしたいと思っているかについては、子どもの話を聴いてみないとわかりませんね。

②子どもの話を聴き、③目標の一致ができた

かえでさんも大樹くんもくつろいでいるときに、かえでさんは大樹くんの話を聴いてみました。

ねーねー、大樹、縄跳び大会や駆け足跳びのこと、どんなふうに考えているか教えてくれない？

うーん、ボク、駆け足跳びが上手に跳べないから、クラス対抗のときにクラスのみんなに迷惑かけちゃうんじゃないかと思って……。

そうなんだ……。

だから、上手に跳べるようになりたいんだ。

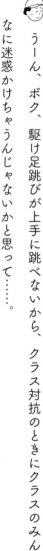

そうなのね。ところで、上手に跳べるってどういうイメージ？

うーんと、10回駆け足跳びが続けられること。

10回でいいの？　ふつう30回ぐらいじゃないの？

いいんだ。先生が最低10回は跳んでほしいっていったんだ。ボクは駆け足跳びは10回でいいと思う。

わかった。10回できるようになるためには、どんな練習をすればいいかなあ？

足をあげるとか、力を抜くとか、できないんだよねー。

あのさ、駆け足跳びの練習方法のこと一緒に調べてみない？　インターネット見るとか、お父さんにも聞いてみると、もっと効果的な練習方法があるかもしれない。

いいね！　ボクも先生や友達に聞いてみるよ！

よし！1か月後の大会までに駆け足跳び10回できるようになるよ！
じゃあ、大樹が跳べるように私たちは練習方法を調べましょう
いいね。そうしよう
よろしく
ふむふむ
はじめのうちは片足ずつ大きく跳んで、少しずつ速く縄を回すように。スローモーションでやるといいよ
なるほど！
音楽と合わせると楽しいかもね
お兄ちゃんがんばれー
7！
タン
8！
9！
タン
10！
タン
できたー！
家族みんなでできた「勇気づけ」。大樹くんの心には、「ボクは能力がある」「家族はボクの仲間だ」という適切な信念が育ちました

かえでさんと大樹くんは、話し合って「1か月後の大会までに、駆け足跳びを10回跳べるようになる」という現実的で具体的な目標を作ることができました。そして目標を達成するために練習方法を一緒に調べるという共同の課題に家族みんなが、それぞれのできることを考えて取り組みました。

かえでさんの対応が、家族みんなで大樹くんを〈勇気づけ〉することにつながりました。大樹くんの心には、「ボクは能力がある」「家族はボクの仲間だ」という適切な信念が育まれたことでしょう。

このような対応の積み重ねが「自立する」「社会（家族や学校）と調和して暮らす」ための適切な行動につながっていくことになるのです。

では、「親子の目標の一致ができなかった場合」はどうでしょうか？

大樹くんのエピソードで見ていきましょう。

大樹くんは7時40分が登校時間です
のんびり着替え
大樹～早く食べなさい
のんびり朝食を食べ
大樹、遅れるわよ！
もぐもぐ
7時40分になって
あ、給食袋入れてなかった
あ
そうだ、国語の教科書入れてなかった
トイレ行ってくる～
バタバタ
ふぅ
大樹、7時50分過ぎたよ。急がないと遅刻しちゃうよ！
うん！ 行ってきまーす
はぁ
なんで早くから準備できないのかしら！
毎日毎日こうなんだからっ！

さあ、かえでさんと大樹くんは〈共同の課題〉が作れるでしょうか？
116ページの図の流れに沿って見ていきましょう。

1 課題の分離

登校時間については、その問題にどう取り組み、どう解決するかという結末が大樹くんにふりかかるので、大樹くんの課題です。

かえでさんはといえば、大樹くんには、早め早めに登校の準備をすませ、余裕をもって7時40分には登校してほしいと望んでいましたし、今回のことをきっかけに、〈共同の課題〉にして彼を援助できるといいなとも考えていました。また、『出がけにバタバタと準備を始めるから、今日みたいに遅刻するでしょっ！　そんなだらしない子は誰からも相手にされなくなっちゃうよっ！』と考え、「イライラ」の感情をもっていました。身体の感じは、呼吸が浅くなり、肩と背中が硬くなっていました。これらの感情や考えは、子どもの課題に関する親の考えや感情で、すべて、かえでさんの課題ですね。

大樹くんは、自分の課題についてどう感じ、どう考えているのでしょうね？　子どもがどうなりたいと思っているか、どうしたいと思っているかについては、子どもの話を聴いてみないとわかりませんね。

かえでさんは、大樹くんの話をよく聴いて、彼が登校時間についてどう考え、どう感じているか、彼の目標を理解しようと考えました。深呼吸して、『大樹はきっとなにかワケがあって遅刻したんだ』と思うとイライラの感情が落ち着いてきました。

2 子どもの話を聴く

今日の連絡帳に「今日は遅刻をしました。これからは遅刻しないように気をつけましょう。お母さんからも言ってあげください」と書いてあるよ。

うん、気をつけるよ。今日はさ、いつも朝きれいなお姉さんとお散歩してる柴犬を撫でさせてもらってたの。すっごくかわいいんだ。

まあ、そんなことしてたのぉ！

かわいい柴犬だなーって前からずっと思ってたから、うれしかった。

そうなんだ、だから遅刻しちゃったんだね。

こんどから気をつけるよ。

そうなんだ、ところで、何を気をつけようと思ってるか、もしよかったら教えてくれ

ないかな？

今日は走り方が遅かったんだ。今度から全力で走っていくことにする。

あのさ、お母さんの意見を言ってもいいかな？

いいよ。

出がけにいろいろやらないで、早め早めに準備して、家を7時40分に出ると、走らなくてもラクラクで学校に間に合うと思うんだよね。

だいじょうぶだよ。7時50分でも間に合うよ。オレ足速いからさっ。

そ、そんなふうに思ってるんだね。何かお母さんに手伝えることある？

ない。（うるさいな、という表情）

わかった……。じゃあ、お母さん、先生にはなんてお返事しようか？

「大樹と話しました。大樹は気をつけると言ってます」と書いておいて。

（連絡帳に書きこむ）はい、これでいい？

うん、いいよ。

3' 目標の一致ができなかった

かえでさんは、自分の考えを伝えましたが、大樹くんは「7時50分に出ても間に合うし、オレ足速いから走っていけばだいじょうぶ。お母さんの手伝いはいらない」と自分のやり方でやるという返事。

目標は一致しませんので、〈共同の課題〉は作れません。

そこで、かえでさんは、自分の期待や心配はひっこめて、しばらく彼のやり方に任せてみようと決心しました。たとえ大樹くんが、よくない結末を体験したとしても、その体験から彼は学ぶでしょう。今回の、大樹くんの選択に任せるというかえでさんの対応によって、大樹くんは「ボクは能力がある」「お母さんはボクの仲間だ」と感じるでしょう。結末の体験による勇気づけについては、次の章で詳しく学びます。

覚えておきましょう

重要なのは、目標が一致していてもしていなくても「私は能力がある」「お母さんは私の仲間だ」と子どもが感じるように工夫することです

〈課題の分離〉をして「子どもの課題」になっていたものを、途中で相談して〈共同の課題〉にしてもいいし、〈共同の課題〉にしていたものを、途中で相談して〈課題の分離〉にしてもいいのですよ。子どもと相談しないで、親が勝手に行動するのがいけないのです。いつも親子が相談して決めなければならないのです。

　アドラー心理学の育児は、「話し合う育児」です。必要に応じて話し合いをする。ですから、「親が一方的に子どもを育てる」のではなく、親子で一緒に育っていくのです。

コラム

親の課題について

これまでは、子どもの課題を共同の課題にすることについて学んできました。

ここでは親の課題について考えてみましょう。子どもの行動と関係した親の課題のうち、親や第三者に迷惑がかかる場合については、共同の課題にできることを第4章で学びました。また、親の期待に関しては、共同の課題にしないほうがいいことも学びました。一方で、子どもの行動と関係しない親の課題は、必要があれば共同の課題にすることができます。たとえば、母親が足をけがして家事が思うようにできなくなったとします。父親は仕事が遅くなるので、家事までできません。そこで子どもに家事をしてくれるように頼みたいとします。こういう場合は、家事を共同の課題にすることが可能です。

子どもに親の課題を頼むときは、いくらかのコツがありますので、まとめておきます。

1　ヨコの関係に立つこと

「親が上で子どもが下」というタテの関係で子どもにお願いをしていると、お互いに感情的になりやすく、親子関係がこじれることが多いのです。「親と子どもとは対等で平等」というヨコの関係で子どもにお願いしてください。

2　ていねいな言葉づかいをすること

頼むときに限らず、ふだんの暮らしから、ていねいな言葉づかいで子どもと接することをおすすめします。そのほうがトラブルが起こりにくいし、子どもはていねいな言葉づかいを学ぶでしょうし、いいことが多いのです。

3　感情的にならないこと

ものを頼むときには、感情的なコミュニケーションをなるべく避けて、理性的に頼もうと決心してください。

4　合理的であること

子どもも納得する「筋の通った」話をしたいのです。故意に事実をねじまげてみたり、親の主観的な意見にすぎないものを、客観的事実であるかのように主張していると、子どもとの関係がこじれることがあります。

5　妥協点を探すこと

百かゼロかではなくて、中間をとって妥協すること。今すぐに頼みを聞いてもらえないなら、後なら聞いてくれるのかどうか尋ねてみたり、頼みを全部は聞いてもらえないなら、どの部分は聞いてくれるのかを尋ねてみたりします。

6　子どもの断る権利を認めること

子どもには親の頼みを断る権利があります。どうしても聞き入れてもらえないなら、子どもの断る権利を認めましょう。

親の課題を子どもに頼むときは、子どもが引き受けやすいように、親は頼む内容をきちんと整理しておきましょう。

「過干渉」の親になっていませんか？

自然の結末の体験

子どもにたくさんの体験をしてもらいましょう。
成功したことも失敗したこともさまざまな体験から子どもは学ぶでしょう。
親は体験をお手伝いする役です。
決してその機会を奪ってはなりません。

第6章

「自然の結末」を通して、子どもは多くを学びます。子どもが体験するチャンスを奪う親にならないでください

子どもは、試行錯誤しながら、成功したり失敗したりする体験を積み重ねて次第に適切な行動を身につけていきます。このような体験から学ぶ方法は、いわば原始的な学び方ですから、一見とても能率が悪いように思えますが、いつも現実に密着しているので、しっかりと身にしみて学べるという長所があります。親も成長して、子どもが体験を通じて学んでもらう機会を奪わないようにしましょう。

子どもがしたこと（行為）の結末が、子ども自身にだけふりかかるときは、〈子ども

の課題〉です。このとき、子どもの行為の結末が、自然の法則によって子どもの身にふりかかることを〈自然の結末〉といいます。

たとえば、「雨にぬれると身体が冷えて風邪をひくかもしれない」「ゲームを長時間やると目に負担がかかって痛くなるかもしれない」というようなことです。親は子どもよりも先に、「よくない」結末を予測して、子どもが苦労しないように、子どもの課題に口を出してしまいがちです。しかし、「よいこと」も「よくないこと」も子どもたちに体験をしてもらって、その体験をもとに自分で考えて、試行錯誤して、やがて自己管理できるようになってほしいものです。

結末から学んで成長してもらうために、子どもに任せてみることも、勇気づけです。親が少し勇気をもって任せてみた結果、うまくいけば、子どもにとって大きな自信となります。

スミレちゃんのエピソードで見てみましょう。

スミレちゃんは、いとこのエリカちゃんから、お下がりでオシャレなピンク色のモカシンシューズをもらいました。ひと目で気に入ったスミレちゃん。早く履きたくてワクワクしています
今日はこの靴を幼稚園に履いていく！

少し大きいみたいだけど…

大丈夫？

うん！

行ってきます！

行ってらっしゃい
転ぶからダメ!! ほら時間がないから早くしてっ！

やだ〜

うえ〜ん
この間までは、きっとこんな展開だったわねえ。今日は勇気をもって見守ることにした！

ただいま！

この靴ね、歩けるんだけどね、走ると脱げちゃうから、いつもみたいにみんなと遊べなかった！ 私、もう少しお姉さんになってから履くことにする！

そう。じゃあ、もう少し大きくなるまでしまっておこうね
うん！

親が先回りして、あれもダメこれもダメ、と禁止していると、子どもは失敗を恐れて極端に臆病になったり、反抗的になって、親の言うことの反対の行為をしたりします。

スミレちゃんは「靴がまだ大きすぎて、走ると脱げてしまい、友達といつもみたいに遊べなかった」という自然の結末から学び、自分で考えて「今は履かない」ということを選びました。

かえでさんの対応によって、スミレちゃんは自然の結末から学び、「私には（自分で考えて自分で決める）力がある」「（いつもとは違って任せてくれた）お母さんは、私の仲間だ」と感じたことでしょう。

任せてみたところ、「よくない」結末になる場合も、もちろんあるでしょうが、子どもは結末から多くを学びます。「ちょっと危ないかな？」と思うことも、少しは体験してもらったほうがいいでしょう。そうすると、それが「危険のワクチン」になって、大きな危険を避ける知恵となります。

「自然の結末」に任せてはいけない4つの場合

わたしたちは子どもが自然の結末をたくさん体験し、その結末から、子どもに学んでもらいたいと考えますが、以下の4つの場合は、自然の結末に任せることができません。

1　子どもの身に危険が及ぶ場合

たとえば「道路に飛び出す」という行為の結末は、「自動車に事故に合う」という、子どもの身に重大な危険がふりかかることになるかもしれません。このような場合は、自然の結末の体験を避けるために、なんらかの方法で、子どもがその行動をするのを阻止しなければいけません。

2　結末を体験することが勇気くじきになる場合

結末を体験してもらうのは、子どもがそこから学んで、「私は能力がある」「人々は私の仲間だ」という子育ての目標に近づくためです。ですから、結末を体験することによって、子どもが「私は能力がない、私はダメな人間だ」「人々は敵だ、誰も助けてくれない」と感じてしまうことが予測される場合は、〈共同の課題〉を作って勇気づけたほうがいいと思います。たとえば、子どもが友達との関係で、明らかに身体的・精神的に傷ついている場合などです。

3 子どもに結末がかえってこない場合

たとえば、「夜中に大音量で音楽を聴く」とか「スーパーの中で走り回って遊ぶ」というような子どもの行為の結末は、子どもは楽しいけれども、他の人の迷惑になっているかもしれません。このような場合は、子どもは何も学びませんので、子どもと〈共同の課題〉を作ったほうがいいでしょう。

4 子どもが行為と結末の関係を理解できない場合

言葉が出る前の幼い子どもの場合、「これをすると、こういうことが起こる」という因果関係が理解できません。意思の伝達がうまくできるようになった就学以前の子どもは、「これをしたら、こういうことが起こった」という、すでに起こった因果関係は理解できますが、「これをすると、こういうことが起こるだろう」という、これから起こるできごとについての因果関係は理解できません。そのような場合は、結末を体験しても、子どもは学べませんので、別の方法で子どもを援助するほうがいいと思います。

10歳以下の子どもとは、起こっていない結末についての予測や、起こった結末についての整理を話し合いましょう。一緒に話し合うことも勇気づけとなります。ちなみに、10歳以上の子どもに、起こっていない結末についての予測や起った結末の整理をさせると、ほとんどの場合が反発されます。

山野家のエピソードで考えてみましょう。

やさい
わーい
どんっ
スミレー、待てよー
走らないでって言ったのに危ないなぁ。注意しなくちゃ
いやいや、ここは冷静に…
ふたりとも～ちょっといいかな？
なに？
スーパーの中で走り回っていると、どういうことが起こると思う？
楽しいと思う！
楽しいよね
ところで他の人はどうかな？
う～ん、うるさいかな？
そうね。みんな静かに買い物しているものね
じゃあ、静かに走る！
誰かにぶつかっちゃうかも？

気づかなかったかもしれないけど、あなたたち、おばあさんにぶつかったのよ。おばあさん、よけようとしてヨロヨロって。転ぶかと思ってヒヤッとしたわ
え？そうなの？
ホント？気がつかなかった
うん。小さい子もいるから、マネしちゃうかもしれないしね
そうだね
走るのやめて、お母さんの買い物の手伝いをしてくれないかな？
いいよ！なにを手伝う？
そうねえ。
一緒にいて、頼んだものをカートに入れてくれないかな？
いいよ！
じゃあ、大樹、ジャガイモお願いします
はーい
ナス
じゃがいも ¥190
スミレは、ニンジンをお願い
はーい
今日はカレーかな？

勇気づけって、母親がなんでもかんでもやるものだと思ってたけれど、どうやらちがうみたい。子どもに任せて、そこから学んでもらうことも勇気づけだし、それぞれ役割を決めてみんなで力を合わせて問題解決するのも勇気づけなのね。そのプロセスで誰かが困るときには、また話し合っていけばいいんだわ。

子どもを勇気づけようと決心して暮らしていると、私も大樹やスミレから勇気づけてもらえる場面がたくさん増えたわ。これって勇気づけをし合える親子関係になったということかしら。

かえでさんの冷静な対応で、ふたりは自分たちの行為の結末が予測できたようですね。
結末の予測と整理について、子どもと話すときのポイントをまとめました。

1　まだ起こっていない結末を予測する

「こうしているとどういうことが起こるかな?」と問いかければ、まだ起こっていない結末の予測を手伝うことができるかもしれません。とがめるような口調ではなく、温かく問いかけることができれば、子どもは自力で結末を予測することもあるでしょう。もし、「わからない」と言った場合は、親が予測できる結末を伝えてみましょう。結末を予測することで、子どもが見通しをもって行動する助けになります。

2　すでに起こった結末について整理する

「どういうことがわかったかな?」と問いかければ、すでに起こった結末について整理することができるでしょう。子どもの年齢が低いときには、結末から何を学んでいるかを確認することが必要です。もし、子どもが答えられなければ、「こういうこともあるんじゃないかな?」と見落としているかもしれない側面を教えてあげることも、今後の助けになると思います。

「結末を体験する」目的は子どもを勇気づけることであって、子どもに「目にものを見せることではない」ことをくれぐれも忘れないでください。

結末を体験することによって、子どもが「私は能力がある」「人々は私の仲間だ」ということを学んでほしいのです。ですから、冷静に「この結末からどんなことを学びましたか?」と尋ねたり、子どもが何かを学んでいれば、「いいことを学びましたね」と勇気づけをしたいのです。

覚えておきましょう

親の過干渉が子どもの自立を阻みます

「やめなさい」「こうしなさい」と、何かにつけて子どもに指示をすることをやめましょう。過干渉をして育てると、子どもの自立する力が弱くなります。子どもをひ弱に育てではいけません。話し合い、親と共同の課題にして問題を解決することも勇気づけですが、一方で、子どもに体験してもらうために、親も何もしない勇気をもつことも大切です。よいことも悪いことも、成功や失敗も体験してもらい、生きていく力を身につけてもらいましょう。ときに親が「何もしない」ことも自立への通り道＝passageなのです。

家族で話し合う時間をもちましょう

家族会議のすすめ

親子で話せるようになったら、
いよいよ家族全体で話し合いがもてるようになります。
親子間で話すのがまだ難しいようでしたら、
第５章までをもう一度振り返ってみましょう。

第7章

あなたが変わることで、家族も変わります。家族会議を定期的にもって、子育ての目標の共有経験を

第6章までのことを日々心がけて実践していくと、あなた自身が変わっているはずです。以前だったら、すぐに怒ったり不快な感情をあらわにしていたのに、感情に振り回されることが少なくなっていませんか？　そして、子どもの行動が自分の思うようにならないことでイライラしていたのに、あなたが、子どもを尊敬して関わるようになって、子どもには子どもの考え方があると思えるようになっていませんか？

こんなふうに、あなたが実践を重ねてきたことで、今度は、家族があなたをモデルにしてコミュニケーションの仕方を学んでいきます。

そして、あなたが変わることで、家族にも変化が見えてきます。最初は小さな変化かもしれませんが、子どもは自分のことを自分でできるようになってきたり、家族のために必要な手伝いもしてくれるようになってきたり、と家族に笑顔が増えるでしょう。そんな状態に家族がだんだん変化してくると、家族会議ができるようになります。

会議というと堅苦しい感じがしますが、たとえば週末の過ごし方や、夏休みに行く旅行のことなど、家族みんなが楽しく取り組めることを議題にして気軽に始めるとよいと思います。

家族会議を重ねていくうちに、その家族の会議のスタイルがだんだん作られていきます。

家族会議は「親子で協力して工夫する」ことが学べます

パセージの心理面の目標である、「私は能力がある」「人々（家族）は私の仲間だ」を子どもたちが感じ、行動面の目標である「自立する」「家族（社会）と調和して暮らせる」ことを子どもたちが達成するために、家族会議はとても有効です。

定期的に家族会議を続けることによって、子どもたちは責任感のある人に育っていくでしょうし、協力することを学ぶでしょう。また、生きる力も増してくるでしょう。家族みんなで、尊敬と信頼をもって、知恵を寄せ合えば、いいアイデアが交換できるし、お互い助け合えるようになるでしょう。家族で協力することを学んでいると、家族以外の場（つまり地域・学校・社会）でも、子どもたちが自分のもっている力を使って人々に協力できるようになってゆくのです。

パセージでは、親が子どもを育てるのではなくて、親子で相談しながら両方が育っていくことを目指しています。「親が決めて子どもが従う」「完全な親が不完全な子どもを躾《しつ》ける」のではなく、「親子で決めて協力して取り組む」「親も子も不完全なので一緒に工夫する」のです。家族会議は家族でそれが体験できる場です。家族会議は、家族のべースキャンプなのです。

家族会議を開くときには次の方法を試してみてください。

1　期日を決めて会議をする

2　他のことをしながら会議をしてはいけない（テレビを見ながら、食事をしながらなど）

3　比較的短時間で終わりにすること（就学年齢以前の子どもがいる場合は30分以内）

4　家族会議には全員が参加すること

5　できれば議長は回り持ちにする

6　多数決よりも全員の合意を目指す

最初は、楽しいことから練習してみてください。たとえば、「日曜の朝ごはんのメニュー」「家族旅行の計画」など。会議を円滑に進めるための工夫として始める前に、「家族それぞれのステキなところや、助けられたところ」を言ってもらうという工夫をおすすします。

たとえば、お子さんに「今日はスーパーの帰りに荷物を持ってくれて、ありがとう。両手に荷物だったから、助かったわ」とか、夫に、「昨日は私の話を聞いてくれて、ありがとう。聞いてもらえてスッキリしたわ」という具合です。こんなオープニングで会議を始めると「私は能力がある」「家族は私の仲間だ」のベースができ、会議がなごやかに進みます。

また、感情的になったときには、「続きはまたにしましょうね」と途中でやめ、継続審議にして、次回話し合うことにします。途中でやめたくないと思えば、大人も子どもも感情的にならないように気をつけるようになっていくでしょう。

家族会議の練習を重ねてきた山野家。楽しい話題での家族会議ができるようになると、ちょっと困った話題でも家族会議ができるようになりました。エピソードでご紹介します。

昨日、いっぱい遊んで疲れたから今日学校いけない。明日は行くから今日お休みしたい。先生に電話して
あら〜 そんなことで学校休んでいいと思えないけど。仮病使うような子になって欲しくないしなぁ
本当に疲れていて行けないのなら休んでもいいのかしら…どうしたらいいかしら。…こんなときはみんなの力を借りよう！
緊急家族会議してもいいかなあ？
いいよ！会議好きだから！
幹夫さん、スミレ、緊急家族会議してもいいかなあ？
いいよ！
今日の議長は誰がしてくれますか？
はい！では始めます。お話のある人
ぼく、今日は学校をお休みしたいです
大樹は何で学校をお休みしたいと思っているのかな？

昨日、いっぱい遊んで疲れたから今日学校いけない。明日は行くから今日お休みしたいです
みんなはどう思いますか？
お父さんは会社に行っている人として、大樹みたいな状況のときはどうしていますか？
そうだなあ、お父さんが会社を休むと、だれかに仕事を代わってもらうことになって迷惑かけちゃうな
病気じゃないなら疲れていても会社に行きます
ほかの人はどうですか？
お母さんは、疲れちゃってお家のお仕事ができなくなるとみんなが困るから、
いっぱい遊ぶのは、翌日お休みの金曜日と土曜日にしています
でも疲れているときもあるでしょ？疲れたーってお母さんよく言うでしょ？
そうだよね、疲れているときもあります。そういうときは、身体を休める努力をしまーす

たとえば、掃除はしないとか、冷凍食品のごはんにするとか、手抜きして、あまり働かない工夫をします
お父さんも、疲れているときもありますから、そういうときは、できるだけ早く帰って、早く寝て体力回復します
はーい！ わたしは、この前お熱が出たので、幼稚園をお休みして、お部屋で静かに寝ていたら治りました！
そうだったね、しっかり身体を休めたら元気になったね
う〜ん…
みなさんはどう思いますか？
じゃあ、みんなで大樹が選べることを考えて紙に書きましょう！
3つです
1. 今日はお休みして身体を休める
2. 学校に行って、自分の体と相談してみて、やっぱり調子が悪かったら、先生に言って途中で帰ってくる
3. 学校へ行って、あまり動かないようにして、1日がんばる
お兄ちゃん、どれにしますか？
ぼくは2にしたいかな
大樹、何かみんなが手伝えることはありますか？

連絡帳に書いてください！
じゃあ、それは、お母さんお願いします
はい、では連絡帳に書くのは私が担当します。先生に伝えたいことを、教えてもらえるかな？
わかった！
じゃあ、一緒に確認しながら書きましょう
では、そろそろ会議をおわっていいですか？
はーい、おつかれさまでした
「今日は大樹の体調がよくないので、途中で帰らせてほしいと先生にお願いするかもしれません。そのときはよろしくお願いします。」これでいい？
うん！
以前だったら、「疲れたくらいで学校休みたいなんて言わないのっ！さっさと支度しなさいっ！」と怒って大樹を学校に行かせていたわよねえ
結局、大樹くんは、学校は早退することなく、いつもの下校時間に帰ってきました
今日、どうだったー？
たのしかったよ！
そっかー
オレさー、行ってみたら元気がでてきたよ。だから、今度からも疲れているときは、行ってみてから決めるわ
おお！それはいいことを学んだね。じゃあ、家族会議で、報告してくださいね
うん、それと、一緒に考えてもらってよかったから、みんなに「ありがとう」も言う！

家族のルールを決める

かえでさんがパセージで多くのことを学び、実践したおかげで、山野家は、難しい話題でも家族会議が開ける家族へと成長したのです。

家族が仲良く生活するためにはいくつかのルールを決めなければなりません。ルールを決めるときのチェックポイントは5つあります。

1　全員がルールの制定に参加する

親だけが「お約束よ！」と決めて一方的に押し付けていないか？

2　内容が合理的である

親も子どももそのルールを決める必然性や、ルールの内容について納得しているか？　ひとりでも「それっておかしいんじゃない？」と感じるルールは守られないと思います。

3　平等に適用される

ルールを守らなくてもいい人がいる場合は、そのルールは成立しません。たとえば子どもにだけ門限があって、父親には門限がないというルールは不平等です。平等だということは、「同等」ということではありません。したがって子どもの門限と父親の門限が同じ時刻である必要はないのです。子どもに門限があるなら、大人にも門限を設けます。大人と子どもは、身体の大きさも能力も知識も経験も同じではありません。とれる責任や役割も同じではありません。けれども人間としての価値は平等です。

4　条文が少ない

覚えていることができないくらい、たくさんのルールは守られないものです。

5　期限つき

一定期間がたつと自動的に廃止になるほうがいいと思います。期限が過ぎてもまだそのルールが必要ならば、もう一度話し合って決めるとよいでしょう。お試し期間を設けるのもいいと思います。

では、「家族のルール」について、エピソードで見ていきましょう。

寝る前にリビングに出ているものを片づけるというルールを決めた山野家。このごろ、そのルールが守られていないようです。

そろそろ寝る時間よ～
は～い。おやすみ～
ふわ～ぁ
おもちゃは片づけた？
明日やるよ～
寝る前に片づけるのが約束でしょう！
わかったよ～
のろ
のろ
はぁ～おやすみ～
はぁ～
ルールを見直してみようかしらね
翌朝
このごろ、「寝る前にリビングに出したものを片づける」ことができていないんだけど。お母さんもよく考えてみたら、こんなことがわかりました
1.「お約束
1.「お約束よ！」と一方的に子どもたちに押し付けていた
2. お母さんのものもリビングにあった
3. いつまで守るルールか決めていなかった
そうだよ、お母さんのものもあったよね！ボクたちのおもちゃだけじゃなかった

そうね、ゴメン
1.「お約束
一方的に
お父さんもいつも新聞を置きっぱなしにしているよ
そうだね～
ついやっちゃうんだよね
「みんながそれぞれリビングに出しているものを片づけてから寝る」というのに変えたらどう？
とりあえず、1か月やってみましょう
うん、いいよ
お父さんは遅くなることもあるけど、寝る前には片づけるよ
次の日
お母さんのものが棚にたくさん入っていて、おもちゃが片づけにくいんだけど
あはは～
ぎっしり！
リビングに家族それぞれの引き出しを作ろうか？
賛成！
今度の日曜にみんなでホームセンターに行くことになりました

山野家は、家族みんなで使うリビングが、より気持ちのいい場所になったようですね。「このルールは、みんなが幸せに暮らすために必要なんだ」と親も子も納得するようなルールであれば、守られるはずです。

家庭内で、不合理なルールを無理やり守らされていた子どもは、「社会のルールを守って暮らそう」という大人にはならないですよね。子どもがルールの必要性や、ルールを守ることの重要性を理解できるように援助していきましょう。

覚えておきましょう

いつでも選択肢があることを示すことは大事です

ものごとの選択肢は、いつでも2つ以上から選ぶことができるのです。なぜなら人生というのは「全か無」ではないと考えるからです。どんな場合にも、よく考えてみると、たったひとつの可能性しかないのではなくて、2つ以上の選択肢から選ぶことができるのです。私たちもそのことを学ばなければならないし、子どもたちにも伝えてゆかなければならないと思います。

コラム

いつでも子どもの味方でいる決心を

子どもが不適切な行動をするのは、「私は仲間はずれだ」と感じるから。つまり「居場所を失う」からです。どんな時でも、子どもの味方でいる決心をしましょう。特に、子どもが学校や世間から責められているときには、とことん子どもの味方でいる決心をしてあげてください。親まで敵に回ってしまっては、子どもはこの世に居場所がなくなってしまいます。「いつでも子どもの味方でいよう」と、まずは、心の中で決心してください。心の中で決心できないようなことは、言葉に出せないし、行動にもあらわせません。内心の決心からすべては始まります。

決心ができたら、機会があるごとに、「私はいつでもあなたの味方です」と、子どもに言ってあげてください。最初は、たぶん、口にすることに抵抗があるでしょう。ですが、ほんの少し勇気を出して、ひとこと言ってみてください。

このひと言で、あなたと子どもの関係がいくらかよくなるでしょう。関係がよくなると、あなたの気持ちもいいほうに向かって、心から子どもの味方でいようと思えるようになるでしょう。そこから、新しい親子関係が広がっていきますし、あなたが子どもの力になれる機会も増えていくでしょう。

のんびりな子はのんびりな子のままで、せっかちな子はせっかちな子のままで、「私は能力がある」ということを子ども自身が感じられるようにしてほしいのです。ひょっとしたら、今まで「のんびり」や「せっかち」はあなたの心配のタネだったかもしれません。ここまでパセージの考え方を学んできて、「のんびり」も「せっかち」もあなたの見方に過ぎず、短所と思っていた部分が、どれもこれも子どものステキな側面だと感じるようになっていませんか。

アドラー心理学では、「なんとかなる」と楽天的に考えるより、「なんとかする」と楽観的に考えます。どうすれば楽観的になれるかというと、「私にできることがある」と思うことです。また、どんな場面でも、「これしかない」と悲観的にものごとをとらえるのではなくて、「さまざまな可能性がある」と信じて、新しいやり方を探して、試してみることです。

そのために、あなたに勇気が必要なときも多くあるでしょう。あるときには、子どもの能力を信頼して任せる。これも勇気。マイナス感情を使わずに、ていねいに目標を一致させるための話し合いをする。これも勇気。こうして、あなたが勇気をもって新しい育児を行っていくうちに、子どもは「自分には居場所がある」「自分は、家族の中でなくてはならない存在だ」と感じ、あなたや家族のために、喜びをもって自分にできることを考え、行動していくようになるでしょう。

過去を見るより未来を見て、短所を見るより長所を見て、家族みんなが幸せになるために私にできることはなんだろうと考えて、家族の中に子どもの居場所を作っていきましょう。

小さいころから、「自分は、家族の中でなくてはならない存在だ」と感じる機会が多かった子は、やがて「自分は、社会の中でなくてはならない存在だ」と感じられるようになり、社会の人々のために、喜びをもって自分にできることをしていく勇気をもつようになります。パセージの目指している育児の形です。

家族のきまりやルールを守れなかったら

社会的結末の体験

社会のルールから学ぶことも体験のひとつです。
ルールを守ることの素晴らしさを学びましょう。
最後の章では、みんなが仲良く気持ちよく過ごすための
ルール作りや運用についての理解を深めます。

第8章

「社会的結末」の体験は、「社会の中での責任」を学ぶ機会になります

自然の結末が、自然の法則で決まる結末だったのに対して、社会的結末は、家族、学校、社会の法則で決まる結末です。

たとえば、「食事は○時までにすます」という家族のルールがあったとして、「もし守れない場合は片づけてしまう」ということがあらかじめ決められているというケースです。家族や社会のルールが破られたとき、どうするか。ペナルティがあらかじめ決められていればそれを子どもに体験してもらうことを〈社会的結末〉といいます。

社会的結末を使って子どもを勇気づけるためには、親子が「仲間だ」と思い、互いに尊敬し合い、信頼し合い、マイナス感情をもたないで話し合えるようになっていることが必要です。

よい親子関係が育っていないのに、親が社会的結末を使う育児を続けると、親子関係が悪化してしまうかもしれません。たとえば、「夕食時、呼ばれたらすぐに遊びをやめてテーブルにつく」という家族のルールがあったとして、そのルールを破ったら、「食事はない」という取り決めがあったとします。何度呼んでも子どもが来なかったときに、「呼んでも来ないなら食べるつもりがないということです。あなたの今日の夕食はありません」と言い、子どもに夕食を与えないとします。

よい親子関係が育っていない場合、ある子は「親は私にいじわるをする」と感じながら、これ以上いじわるをされないために従うかもしれませんし、ある子は「親はこのやり方で私を支配しようとしているんだ」と感じて反抗的になるかもしれません。いずれにしても、心理面の目標である「私は能力がある」「人々は私の仲間だ」と感じる心は育たず、家族や社会のメンバーとして進んで責任を果たすことを学ばないでしょう。

よい親子関係の中で使われる社会的結末は、子どもが「私は能力がある」「人々は私の仲間だ」と感じ、社会の中で責任を果たすことを学ぶために有益なことです。

社会的結末について、山野家の事例で考えてみましょう。

今日は
かえでさんの
実家に
行く日です
プシュ〜
ガタン
ガタン
おじいちゃんと
将棋するの、
ボクが先だね
スミレが先だよ。
この前、お兄ちゃん
が先だったもん
ゴトン
ゴトン
ずっと、
スミレが
先だっただろ。
今度は
ボクだよ
いやだ、
わたしが先って
おじいちゃんが
言ってたー
そんなこと、
おじいちゃんが
言うはずないっ！
わたしが先に
やってもらいたい
ボクが先!!
すみません、
すみません
いいんですよ
ホホホ
ふたりとも
静かに
しなさいっ!!
ガタン
ゴトン
はぁ、
クールダウン
クールダウン…
ガタン
ゴトン
ふぅ
大切なお話が
あるから、
次の駅で電車を
降りてみんなで
話したいん
だけど
いいよ
どう？
じゃあ、
そうしましょう。
ありがとう

あのね、大きな声出したり泣いたりしたら、電車に乗っているお客さんがどう思うかな？
う〜ん、うるさいなー、迷惑だなーって。気分悪いなーって思うかな
スミレもそう思う？
うん
そうだね。電車の中ではみんなが気持ちよく乗るために静かにしていなきゃね
うん
そうだけど、お兄ちゃんがいじわる言うから
ぐすっ
電車の中ではなくて、ここでどうするか決めるのはどうかな？
じゃあさ、ジャンケンで決める？
うん！
ジャンケンポン
ポン！

ボクが勝ったから、ボクが先だね！
うん…
しょんぼり
プシュー
電車の中では静かにね
もし、できないのなら、次の駅で電車を降りましょうね
わかった
うん
しばらくすると――
ねえ、もう1回ジャンケンしようよ！
だめだよ！さっき決めただろう！
え～
え～ん
さあ、次の駅で降りましょうね
プシュー
うん、スミレ降りよう！
うん
うーん
降りてばかり…着くのが遅くなっちゃうね

ケンカにならないようにするにはどうしたらいいかしらね。ふたりともどう？
ジャンケンで決まったんだから、スミレにはわかってほしいよ
そうね
……
でも、そんなに言うんなら…
う〜んとね。じゃあ、わたし、ハナコと遊ぶことにする
ハナコ
それはいい考えね
おばあちゃんもスミレがハナコと散歩に行ってくれるとうれしいと思うわ
スミレ大丈夫？
大丈夫！
じゃあ、次の電車に乗ろうね

電車で大樹とスミレがケンカを始めたとき、まずは、自分が落ち着くために「勇気づけ、勇気づけ、子どもには必ずよい意図がある」とおまじないのように唱えながら深呼吸したわ。

今までだったら、こんなときは、怒りにまかせて、怖くて低い声で「静かにしなさいっ！　静かにできないなら帰ります！」と言ってたわよねえ。そう、脅して黙らせていたんだわ。

でも、パセージで「あなたが感情的になっていても、子どもが感情的になっていても、子どもを勇気づけることができない」と学んだから、一度、電車を降りて気分を落ち着けてから、みんなで話し合おうと決められたのよね。

社会的結末は、「罰」にならぬよう慎重に体験してもらいましょう

大樹くんとスミレちゃんは今回の経験から何を学んだでしょうか？　「私は能力がある」「家族は私の仲間だ」「人々は私の仲間だ」と感じたでしょうか？　そして、社会の中で責任を果たさなければならないということを学んだでしょうか？

社会的結末を体験してもらうことは、とても慎重にしなければなりません。なぜなら、ひとつ間違えると「罰」になってしまうからです。「罰」にならないために次のことに注意しておく必要があります。ひとつでも欠けると罰になります。

社会的結末を体験してもらうときの留意点

罰にならない〈ペナルティ〉を成立させるための3つのポイントを、事例から振り返ってみましょう。

1　親子関係がいいこと

これは基本中の基本です。親が感情的になってペナルティを言い渡すのは罰ですし、ふだん、親子が冷静に話ができる関係でないと罰することになってしまいます。かえでさんは感情的にならずに、大樹くんとスミレちゃんに話ができるように成長していました。

2　行為と結末に合理的なつながりがあること

「電車で騒いだから、電車から降りなければならない」ことには合理的なつながりがありますね。

この場合、電車に乗る人は、他の人の邪魔にならないようにふるまうという責任をとるべきです。大樹くんとスミレちゃんはその責任をとらなかったので、電車に乗る権利を失ってしまいました。かえでさんが伝えたかったことは、ある権利を主張するためには、そのための責任をとらなければいけないということです。

ですから、怒鳴ったり、電車から引きずりおろす必要はありません。子どもがものを学ぶときに、親も子どももイヤな気持ちになる必要はないのです。むしろ、イヤな気持ちになると、子どもは自分のしたことを思い出して反省する代わりに、親の言い方を思い出して反発することのほうが多いのです。

3 ペナルティを全員が納得していること

「電車でうるさくしたから、電車を降りましょう」と急に言い渡してもいけません。これも罰になってしまいます。内容に合理的なつながりがあって、事前にお互いが納得しているときだけ、社会的結末を体験してもらうことができます。

くり返しになりますが、家族内で社会的結末（ペナルティ）を体験してもらうのは、子どもにイヤな思いをさせるためではありません。ルールやペナルティは、子どもも含めてみんなが幸せになるためにあるのです。

覚えておきましょう

子どもを支配するために家族のルールを作らないでください

なんでもかんでもルールにしたがる親がいますが、あまり感心しません。民主的に決められた合理的なルールであれば守られるはずです。みんながルールを守って仲良く暮らせるようにしたいのです。そして、子どもが「私は能力がある」「人々は私の仲間だ」と感じているか、いつも点検してください。そのためには、あなた自身が自分の感情によく気づいていることが重要です。

アドラー心理学に基づく育児プログラム

「パセージ」を受講してみませんか

グループで学ぶ「パセージ」

「パセージ」は、グループ体験に基づく育児学習コースです。

パセージのコースでは、「日本アドラー心理学会」認定の家族コンサルタントの資格をもつリーダーが進行します。講義形式ではなく、実際の育児の現場の話を扱います。8章からなるテキストをもとに、1章を2時間半かけて、合計8週間、総計20時間で行います。

メンバー各自が育児で悩んだことや成功談や失敗談を披露し、それをロールプレイで実際に再現し、テキストに基づいて話し合い、具体的な解決に向けた代替案をみんなで考えていくのが、このコースの大きな特徴です。

「パセージ」全体を通して、「テキストによって勇気づけられ、メンバーによって勇気づけられる」ように、リーダーもパセージを実践しながらコース運営をしています。

継続するためにフォローアップが大切です

そして、「パセージ」を受講された方のために、単発で参加できるフォローアップの会を開催しています。

たとえば、本を読んだだけで、たちまち泳げるようになったり、たちまちピアノが弾けるようにはならないですよね。パセージも同じです。実際にお稽古を続けていかなければ上手にできるようにはなりません。

また、ひとりで実践していると、悪い癖がついていることに気づかないこともあります。ですから、ともにお稽古する仲間が必要なのです。仲間たちは、あなたとはまったく違った視点で、勇気づけのアイデアを教えてくれるでしょう。全国のアドラー心理学学習自助グループによって、パセージフォローアップの会が開催されています。

学習自助グループが大切にしていること

学習自助グループは、パセージのリーダーが主宰していることもありますが、一般家庭の親御さん、あるいは、学校の先生たちなど、パセージを学んでいる人たちがリーダーと連携して運営している場合もあります。

公民館等、公的な場所で開催するなど、なるべく金銭的な負担をかけずに継続的にアドラー心理学を学び続けることができる仕組みを提供しています。

パセージを学びながら、アドラー↓ドライカース↓シャルマン↓野田俊作、と受け継がれた系譜のアドラー心理学の伝承に努めています。

186ページに全国の学習自助グループリストがあります。
「日本アドラー心理学会」のサイトの「リンク」からも、探すことができます。

日本アドラー心理学会　http://adler.cside.ne.jp/

概要　定員………リーダーを含めて６名以上、14名まででグループを構成
受講料……テキスト代込で25,000円前後
時間………通常は１回２時間半×８回
集中コースは１回５時間×４回
パセージのルール………何を話しても安全な場を作るために、
「コース中に話し合われたことは秘密にする」ことがルール

テキスト　「Passage」（野田俊作・著　日本アドラー心理学会・発行）
内容
第１章　子育ての目標
第２章　賞罰のない育児
第３章　課題の分離
第４章　共同の課題
第５章　目標の一致
第６章　体験を通じて学ぶ
第７章　新しい家族
第８章　積極的に援助する

課題シート　実際の印象的なエピソードを「子どもの行動／私の対応／子どもの反応」に分けて具体的に書いていただきます。パセージでは、この課題シートをとても重視します。
課題シートは、毎回のコースが終わるごとに提出していただきます。次のコース開催日に、リーダーがテキストに基づいたコメントを書いて返却し、メンバーの学びをフォローします。

パセージ受講者の声

パセージを学び、パセージの子育てのすごさを毎日実感しています。昨日も大泣きの子を課題を分けて、プラス面を探し、20秒待って…と。するとすぐに泣きやみました。今まで泣いたら泣きやまず大変でした。ふと振り返ると泣きやませようとイライラして仲間と思えない方法や言い方でやっていた自分に気づきました。

（滋賀県　K.Aさん　女性　子ども現在7歳　受講時7歳）

次男が1歳下の三男に対して傷つける言葉を使うことに私はマイナス感情をもっていました。「なんでそんなこと言うの！」としかっても効果はありません。ところがパセージを学び、次男の話を聴くようになってからは言わなくなりました。寂しかったのかもしれません。それからは兄弟ゲンカもなくなり、私も息子たちと仲良しになりました。

（宮城県　R.Mさん　女性　子ども現在16歳　受講時13歳）

とても素敵な出会いとなったパセージ。私には仲間がたくさんいるんだと勇気づけられました。そして、子どもにもそう思ってもらえるよう、みんな仲間だ！　を頭と心に、いつかこの悩みも笑いに変わる日が来ると信じ奮闘中です。困ったときには、仲間のささやきが聞こえます。「それは意見？　事実？　誰の課題？」と。是非また参加したいと思っています。

（鳥取県　N.Iさん　女性　子ども現在7歳　受講時4歳）

子どもが不登校になり、応援すればするほど殻に閉じこもるようでした。困り果てていたとき、アドラー心理学を知りパセージを受講。今は親の心の角がとれ、子どもとの関係が復活しました。アドラー心理学のシステムを身につけ、家族と相談しながらやっていけば、解決法を見いだしていける！と心強く思っています。

（東京都　S.I さん　女性　子ども現在 19 歳　受講時 16 歳）

子どもの能力や善意を信頼し、落ち着いて関われるようになりました。6年生になった娘は「将来は、何か人の役に立つような、新しい工夫をする仕事に就きたい」と話し、「研究者」を目指して受験勉強中です。好奇心旺盛で独創性豊かな彼女にとって、受験勉強は大変なようですが、憧れの友達ができ、相変わらず家事にも協力的で、いきいきとした子に育っています。

（福岡県　H.Y さん　男性　子ども現在 11 歳、受講時 2 歳）

子どもの輪の中に入らず、大人側にいることが多い娘。子どもたちと遊ばないことに私はいつも不安と怒りの感情がありました。でも、これは誰の課題？　適切な側面は？　と自問することで、フッと軽くなり、温かい気持ちで見守れるように。すると、娘は子どもたちの輪に入って遊ぶようになったのです。パセージを実践して私が変わった途端、娘も変わったことに驚きました。

（三重県　I.S さん　女性　子ども現在 8 歳　受講時 5 歳）

息子が6歳のとき、間違ってコップを割ってしまったことがありました。パセージを思い出し、しからずに片づけ方法や次はどうしたら良いかを一緒に考えました。数年後、息子がふいに「あ、これは危ない。経験からすると…」と言って落としそうな食器を安全な場所に移しました。パセージ育児が実を結んだような気がして、とてもうれしかったです。

（北海道　M・S さん　女性　子ども現在 11 歳　受講時 5 歳）

全国の学習自助グループ

日本アドラー心理学会が内容を把握し、アドラー心理学を
正しく伝承しようとしている学習自助グループです。（2018年4月1日現在）

北海道…………七飯《ななえ》アドラー心理学研究会（北海道）
http://adler77e.blog.fc2.com/

東北……………多祥《たし》もりおか（岩手アドラー心理学研究会）（岩手）
http://adler.big.ph/

関東……………アドラー心理学東京西 （東京）
http://www016.upp.so-net.ne.jp/adler/index.htm
アドラー銀杏の会（東京）
https://adlertokyo.com/
アドラー多摩（東京）
https://adlertama.jimdo.com/
NPO法人アドラーよこはま（神奈川）
https://adleryokohama.jimdo.com/
アドラーの会@流山（千葉）
http://heartland.geocities.jp/adler_nagareyama/
アドラー彩の国（埼玉）
http://adlersaitama.wixsite.com/adlersaitama
子育てトークの会　とちぎ（栃木）
https://www.geocities.jp/adler_verein_nasu/index.html

甲信越…………加茂エンカレッジの会（新潟）
http://adler-kamo.life.coocan.jp/
伊那谷アップルシード（長野）
http://ninxnin.cocolog-nifty.com/

北陸・東海……楽笑会はままつ（静岡）
http://adler-h.sakura.ne.jp/
さるびあどらぁ（愛知）
https://salviadler.jimdo.com/
名古屋アドラーフェライン（愛知）
http://pueo2014.wixsite.com/adler
一宮アドラーの会　りんごの木（愛知）
https://adler-ringonoki.jimdo.com/

＊学習自助グループがない地域でも、リーダーが出張してパセージを開催することが可能です。
お近くの学習自助グループにご相談ください。

北陸・東海…… 岐阜アドラー心理学研究会（岐阜）
https://gifuadler.jimdo.com/

エンカレッジ金沢（石川）
http://magokoroadler.exblog.jp/

近畿…………… 滋賀アドラー心理学研究会（滋賀）
https://shigaadler.wixsite.com/mysite-7

京都アドラーグループ（京都）
http://adlerian.html.xdomain.jp/

ルマー・キタ（大阪）
http://600319.seesaa.net/

楽笑会（兵庫）
http://rakushokai.la.coocan.jp/

川西アドラー勉強会（兵庫）
http://kawa24adler.html.xdomain.jp/

和歌山アドラー心理学研究会
http://www.geocities.jp/adken_wakayama/

中国…………… あるふぁの会（岡山）
http://www.kcv.ne.jp/~tanaka-5/index.html

倉吉エンカレッジの会（鳥取）
https://www.facebook.com/adlerkurakura/

アドラージャーラ（鳥取）
http://adlerjala.exblog.jp/

四国…………… 香川エンカレッジの会
http://kadler.web.fc2.com/

那賀みちの会（徳島）
http://sky.geocities.jp/nakamiti2000de/

高知アドラー心理学研究会
https://kochi-adler.jimdo.com/

九州・沖縄…… 福岡アドラー心理学研究会
http://f-adler.sakura.ne.jp/

アドラーつきいち in 福岡
https://adlerfukuoka.wixsite.com/mysite

2018年5月現在

おわりに

本書に何度も出てくる子育ての心理面の目標「私は能力がある」「人々は私の仲間だ」は、子どもに「ここには自分の居場所がある」と思ってもらうことです。子どもにとってその最初の「居場所」は「家庭」であり「家族」です。

読者のみなさんにとって、「パセージ」での学びが、子どもを、一緒に生きていくかけがえのない仲間としてつき合っていく助けになれば、私たちにとってこれ以上うれしいことはありません。また、実際にパセージを受講している方にとっても、パセージの振り返りに本書を役立てていただきたいと願っています。

冒頭に、「魔法のバトンの振り方をお教えするものではない」と書きましたが、いかがでしたか？　子育てでは「これをすれば勇気づけ」という、ただひとつの模範解答があるわけではありません。パセージでは「勇気づけの原理」としてお伝えしているということが、あなたにはもうおわかりですね。ある働きかけが、勇気づけになるか勇気づけにならないかは、それぞれの親子で違います。ある親子では勇気づけとして働く対応が、他の親子では勇気くじきとして働くかもしれません。

「勇気づけの原理」について、どんなふうに書くと読者のみなさんに少しでもわかりやすくお伝えできるか、かれこれ3年以上の間、編集者の半澤さんと3人で何度も話し合いました。パセージは、日々の子育てのエピソードをもとに考えていきます。

本書では、エピソードをどのように扱うかの工夫として山野家を設定しました。山野かえでさんという若いママがパセージを学び、パセージ仲間のさくらさんにときどき相談しながら、「勇気づけの原理」を山野家の場合にあてはめて考え、ていねいに実践していきます。そのプロセスで、まずはかえでさんが成長し、やがて山野家全員が成長していくのです。

山野家のエピソードは、実はどれも実際にあったものです。決して架空の理想の家族の話ではありません。私たちが学習自助グループでともに学んでいる仲間のエピソードや、パセージのメンバーさんのさまざまなエピソードから、わかりやすくて読者のみなさんの助けになりそうなものを使わせていただきました。とくにご協力いただきました、池野麻矢さん、小倉知子さん、三浦裕子さんに感謝申し上げます。

また、幸いなことに、編集者の半澤さんも、私たちと同じ系譜のアドラー心理学をともに学んでくださっています。大変有益な編集者としてのご意見をいただき、ひとかたならぬお世話になりました。心からお礼申し上げます。イラストレーターの本田亮さんには、私たちのイメージに合ったステキなイラストを描いていただきました。ありがとうございました。

創始の師であるアルフレッド・アドラーと、ドライカース、シャルマンと多くの師たちによって受け継がれてきたアドラー心理学に基づいた育児書を書ける機会に恵まれたことに感謝しています。日本アドラー心理学会の指導者である大竹優子さんには、多大なご協力をいただきました。日本アドラー心理学会元会長であり、私たちの師である野田俊作先生の長年のご指導なしには本書を書くことはできませんでした。深く感謝いたします。

清野雅子
岡山恵実

日本アドラー心理学会のご案内

日本アドラー心理学会は、1984年に、
アドラー心理学の研究と啓発を目的に設立されました。

全国の学習自助グループ

日本アドラー心理学会と連携し、アドラー心理学を正しく伝承する学習グループが全国にあります。学習グループは、メンバーの知識や実践経験を分かち合いながら、日々の暮らしの諸問題（ライフタスク）を解決していく治療共同体です。メンバー全員が学びあい、高め合うスタイルで運営しています（186ページ　各地域の学習グループ一覧参照）。

地方会＆総会

学習自助グループの垣根を超えて、メンバーが交流、懇親しながら学びを深めることを目的に、地域ごとに地方会を開催しています。さらに、年に1度、全国のアドレリアンが集まって、総会を開催しています。勇気づけの雰囲気があふれる中で、現場と実践を結びつけて学ぶことができます。

海外のネットワーク

日本アドラー心理学会は国際アドラー心理学会連合（International Association of Individual Psychology）の日本で唯一の公認団体として、演題の発表、最新の研究成果などの情報交換をしています。

学会認定資格

日本アドラー心理学会には、次の認定資格があります。

家族コンサルタント・カウンセラー・心理療法士・認定指導者

［お問い合わせ］
日本アドラー心理学会事務局
〒532-0011 大阪市淀川区西中島3-8-14-502　日本アドラー心理学会
TEL 06-6306-4699　FAX 06-6306-0160
E-Mail lem02115@nifty.com

［参考文献］
野田俊作　著作
『パセージ・プラス』日本アドラー心理学会
『性格は変えられる』（アドラー心理学を語る 1）創元社
『グループと瞑想』（アドラー心理学を語る 2）創元社
『劣等感と人間関係』（アドラー心理学を語る 3）創元社
『勇気づけの方法』（アドラー心理学を語る 4）創元社
『新しい社会と子育て』あうん叢書

対訳版 『子どもの協力をかちとる』 日本アドラー心理学会
フランシス・X・ウォルトン著　井原文子・北風洋子・酒井朋子訳
Jane Nelsen,Ed.D. Positive Discipline.New York:Ballantine Books,1996

清野雅子（せいの・まさこ）
日本アドラー心理学会カウンセラー。
野田俊作氏による育児勉強会を経て
草創期から『パセージ』を学ぶ。
家族コンサルタントとして
「パセージ」のリーダーを務める。
2女の母。

岡山恵実（おかやま・えみ）
日本アドラー心理学会カウンセラー。
家族コンサルタントとして
「パセージ」のリーダーを務める。
自助的学習グループ
「アドラー銀杏の会」主宰。
1女の母。

ブックデザイン
阿部美樹子
イラスト・マンガ
本田　亮
校正
菅村　薫
制作
粕谷裕次　直居裕子　斉藤陽子
販売
根來大策
宣伝
阿部慶輔
編集
半澤敦子

ほめない、しからない、勇気づける
3歳からの
アドラー式子育て術「パセージ」
2018年6月12日　初版第一刷発行

発行人　杉本　隆
発行所　株式会社　小学館
〒101－8001
東京都千代田区一ツ橋2－3－1
編集　03－3230－5389
販売　03－5281－3555
印刷所　萩原印刷株式会社
製本所　株式会社若林製本工場

ISBN978-4-09-311420-2